БОЛЕЕ ГЛУБОКОЕ ИЗУЧЕНИЕ
РЕГРЕССИОННОЙ ТЕРАПИИ

# ТРАНСФОРМАЦИЯ
# ВЕЧНОЙ ДУШИ

ПОД РЕДАКЦИЕЙ ЭНДИ ТОМЛИНСОНА

СТАТЬИ ЧЛЕНОВ АССОЦИАЦИИ
ДУХОВНОЙ РЕГРЕССИОННОЙ ТЕРАПИИ

from the
heart press

Публикация From the Heart Press:
Первая публикация 2011
Вторая публикация 2013
Третья публикация 2014
Русский перевод 2015
Вебсайт: www.fromtheheartpress.com

Авторские права: Andy Tomlinson
ISBN: 978-0-9929248-6-7

Дизайн: Ashleigh Hanson, Email: hansonashleigh@hotmail.com

Перевод: Yana Kovarski, Email: yana.kovarski@gmail.com

Дополнительную информацию о терапевтах, написавших данную книгу, можно найти на вебсайте: www.regressionassociation.com.

Дополнительную информацию об Энди Томлинсоне и регрессионной терапии можно найти на вебсайте: www.regressionacademy.com.

# Содержание

Воссоединение с внутренними силами; Клинические случаи; Соединение с нашей божественной сущностью; Помощь клиентам в продвижении вперёд (постановка целей, якорение с помощью запаха и эфирных масел, присоединение к будущему, благодарность); Интегративный подход к исцелению.

Что такое тёмная энергия? Клинические случаи; Независимая интуитивная проверка; Устранение тёмной энергии у клиентов (разрешения, проверки, защита для терапевта, создание Энергетических Порталов и Энергетических Связей, устранение тёмной энергии, финальные проверки и завершение); Устранение тёмной энергии на расстоянии; Устранение энергетических блоков клиента.

Основные принципы; Архетипы внутреннего ребёнка; Традиционное исцеление внутреннего ребёнка; Клинические случаи; Духовная точка зрения; Техники духовного исцеления внутреннего ребёнка (регрессия к источнику проблемы, трансформация, интеграция); Исцеления внутреннего младенца.

# ПРЕДИСЛОВИЕ

Я познакомился с Энди в 2003 году. Тогда я впервые испытал регрессию в прошлую жизнь в ходе моего исследования для моего произведения «*Книга Души*». В тот момент я даже не мог предположить, что этот невероятно талантливый терапевт, спокойно помогающий мне преодолеть процесс вырывания ногтей во время захватывающей регрессии в прошлую жизнь с инквизицией, станет моим близким другом и коллегой, который откроет абсолютно новые горизонты в моей жизни. Мы стали соавторами нескольких книг и, оглядываясь назад, понимаешь, что всё это было спланировано нами на духовном уровне.

Однако, прошло немало времени, прежде чем я воспользовался возможностью самому стать регрессионным терапевтом. Я полагал, что мои сильные стороны заключались в практичном, левополушарном исследовании и анализе. Но Энди и его прекрасные коллеги в *Академии Регрессии в Прошлую Жизнь* открыли мне глаза на тот факт, что я мог бы тоже научиться «идти от сердца, а не из головы», и совместить теоретические советы с персональной помощью в личной терапии. Как квалифицированный терапевт, я удостоен честью использовать такой мощный арсенал инструментов для тех, кому требуется помощь в исцелении мириады травм, которые мы все соглашаемся испытать в ходе нашего земного опыта.

Однако, основным правилом Академии является правило - «сначала, исцели себя», как и должно быть в любом профессиональном терапевтическом тренинге. И это именно само-осознание и рост, которые происходят благодаря встрече с этими «низшими» или менее развитыми аспектами нас самих, что делают тренинг в *Академии Регрессии в Прошлую Жизнь* настолько стоящим опытом с точки зрения персонального роста. Это в дополнение к тому, что в ходе этого процесса все мы, выпускники встретили самых замечательных друзей всей нашей жизни, благодаря способности Энди и его коллег, сохранять баланс между непревзойдённым профессионализмом и созданием любящего и заботливого пространства. Тренинг с ними не только тяжкий труд, каким и должна быть любая стоящая работа, но и одновременно чертовски увлекательное дело.

Как их выпускник я из опыта знаю насколько важно двигаться вперёд и изучать новые техники. Несмотря на существование базовых конструктивных блоков регрессионной терапии, описанных Энди в книге *«Исцеление Вечной Души»*, он, как и Старейшины, видят их как динамическую центральную платформу, к которой могут присоединяться и другие терапевтические подходы. Данная книга объясняет некоторые дополнительные техники и помогает выпускникам интегрировать их в регрессионную работу. Доказательством тому служат прекрасные статьи выпускников и изумительно талантливые люди, которые привлекаются ими в эту работу.

*Ян Лотон (Ian Lawton)*
Март 2011

# ВВЕДЕНИЕ

## Энди Томлинсон

*Радость, депрессия, подлость,*
*приходящее осознание -*
*как нежданные гости.*
*Будь благодарен каждому,*
*Так как каждый был послан*
*как наставник свыше.*

Джалаладдин Руми, суфийский мистик, 13ый век.

В 2005 году в свет вышла моя первая книга «Исцеление Вечной Души», в которой я постарался собрать вместе многие широко применяемые техники регрессионной терапии для того, чтобы терапевты могли без труда их понять. Это привело к невероятно быстрому и успешному развитию навыков у регрессионных терапевтов, обучающихся с помощью моих программ и книги в качестве справочной литературы. Моё вдохновение к написанию книги и наставление, которое даётся мне, когда я веду мои обучающие программы, исходит от группы высокоразвитых духов, которых я называю *Старейшинами*. Их вовлечение связано с духовной природой этой терапии. Благодаря интуиции и духовному осознанию, регрессионная терапия выходит за рамки лечения симптомов, пробуждая душу клиента, что на данный момент является самым важным духовным действием, управляемым миром духов.

В 2006 году я со своими коллегами основал *Ассоциацию Регрессионной Терапии «Earth»*. Благодаря этому появилась прекрасная возможность установить стандарты в регрессионной терапии для участвующих школ. С тех пор, ассоциация стала интернациональной, привлекая регрессионные школы и терапевтов из всех сфер, включая профессионалов в области медицины и психологии.

Когда число выпускников моего тренинга по обучению регрессионных терапевтов выросло, я начал организовывать встречи выпускников. Это дало им прекрасную возможность делиться различными используемыми ими в регрессионном процессе техниками. Первая встреча состоялась 2009 году и оказалась поразительно успешной, она дала возможность разглядеть удивительные таланты, которыми обладали выпускники. И тогда Старейшины предложили мне организовать ассоциацию для поддержания, укрепления и подпитке этой энергии. Так была создана *Ассоциация Духовной Регрессионной Терапии*. Старейшины способствовали написанию этического кодекса ассоциации. Читатели могут ознакомится с ним на вебсайте *www.regressionassociation.com*, а также с полным списком всех регрессионных терапевтов, обучавшихся в *Академии Регрессии в Прошлую Жизнь*.

В то же время, Старейшины предложили написать ещё одну книгу для дальнейшего развития регрессионной терапии, которая содержала бы в себе новые и разнообразные техники регрессионных терапевтов и стала бы продолжением книги *«Исцеление Вечной Души»*. Это послужило причиной выхода в свет данной книги - *«Трансформация Вечной Души»*. Мне была отведена роль не только источника вдохновения для будущих авторов, но также и роль редактора тех техник, доказавших свою пользу на практике, чтобы они были описаны так, что терапевт-читатель мог бы легко использовать эти знания, и чтобы книга могла вызвать интерес у широкого круга читателей.

Первая глава написана Риной Кумарасингхэм (Reena

Kumarasingham) и знакомит читателя с областью, которая часто недооценивается терапевтами, это техники, которые помогают клиентам полностью интегрировать терапевтическую сессию в свою настоящую жизнь. Так же Риной обсуждается и тот важный аспект, что в клинических случаях ни одна терапия не является панацеей, отвечающей на все вопросы. Как бы ни была прекрасна регрессионная терапия для разрешения хронических и глубоких комплексов, существуют и другие терапевтические подходы, являющиеся зачастую полезным дополнением на различных этапах лечебного процесса.

Вторую главу я написал сам. Она обнародует технику, переданную Старейшинами, которая оказалась невероятно быстрой и эффективной, с тех пор как я привнёс её в работу с клиентами в 2010 году. Она позволяет очень быстро устранить целый спектр плотной навязчивой энергии и прикреплений духа у клиента, которые я назвал тёмной энергией. Она работает также хорошо в дистанционной работе с клиентами.

Третья глава описывает духовную регрессию внутреннего ребёнка. Хейзел Ньютон (Hazel Newton) долгие годы была увлечена разработкой терапии внутреннего ребёнка в рамках своей регрессионной терапии. Она основывается на существующих техниках, интегрируя духовный аспект для предоставления максимально глубокого процесса исцеления. Хейзел делится своими техниками и объясняет как помочь клиентам узнать контракт их души, который даёт внутреннему ребёнку шанс на новое понимание и трансформацию.

Автор четвёртой главы Питер Мак (Peter Mack), профессиональный врач широких взглядов, делится своим открытием регрессионной терапии и её интеграцией в свою практику в больнице, в которой он работает. Он описывает некоторые свои клинические случаи, в которых прошлая жизнь и регрессионная терапия трансформировали состояние здоровья его пациентов, не поддававшихся традиционным медицинским подходам.

В пятой главе Татьяна Радованович Кюхлер (Tatjana Radovanovic Küchler), регрессионной терапевт из Швейцарии, делится своим знанием и техниками работы со сложными клиентами. Эта глава насыщена полезными советами и предложениями.

Шестая глава описывает использование кристаллов в регрессионной терапии. Кристина МакБрайд (Christine McBride) является экспертом в этой области и обладает интуицией в работе с кристаллами. В этой главе она объясняет, что несмотря на видимые нами только лишь низкие вибрации в нашем физическом мире, высокие вибрации также необходимо принимать во внимание. Она описывает простые в использовании техники, позволяющие утилизировать высокие вибрации кристаллов, объясняет, как их можно использовать на различных этапах регрессионного процесса.

Помимо трансформационной работы с проблемами клиентов, терапевты могут придать им внутреннюю силу, обучив их техникам, которые могут быть использованы самими клиентами. В седьмой главе Крис Хенсон (Chris Hanson), основываясь на своём увлечении в данной области, делится техниками, которые оказались эффективными, включая те, которые она разработала сама.

Восьмая глава посвящена помощи клиентам в преодолении духовного кризиса. Это непреодолимая интуитивная перегрузка, способная создавать путаницу и симптомы психотического типа. Джейн Трелоар (Jant Treloar) на протяжении многих лет работы с клиентами в данной области в своей регрессионной практике, разработала техники, которые помогают клиентам во время духовного кризиса, которыми она делится в этой главе.

Девятая глава рассказывает как можно применять звук в процессе исцеления. Рина Кумарасингхэм объясняет теорию и её практическое применение, которое она использует в терапии.

В заключение я хотел бы поблагодарить изумительных регрессионных терапевтов за то, что они уделили своё время и поделились своим драгоценным опытом в этой книге, Яна Лотона за помощь в процессе редактирования и издания, но самая большую и важную благодарность я выражаю Старейшинам за их вдохновение, идеи и мудрость, данные мне и всем авторам статей данной книги.

Обратите внимание, что в следующих клинических примерах все имена пациентов и клиентов являются псевдонимами, чтобы защитить их право на неприкосновенность частной жизни.

# 1

# Интеграция и Продвижение Вперёд

**Рина Кумарасингхэм (Reena Kumarasingham)**

*Как и все твари, вы здесь, чтобы осознать вашу
целостность.
Не ждите смерти, чтобы освободить безграничный дух
внутри вас.
Ведь смерть меняет лишь плоть, которая украшает вас.*

Хаджар Джибран

## Введение

Регрессионная терапия, будь то в прошлую или настоящую
жизнь, является мощным терапевтическим воздействием, не
только для устранения блокирующей и подавляющей
энергии, но также она даёт осознание и видение. Взгляд с
духовного ракурса на сложные отношения, травматическое
событие или какое-то сложное жизненное обстоятельство с
духовного ракурса наделяет клиента надеждой и
обновлённой энергией, но до какой степени?

В любом терапевтическом методе самым важным
аспектом является клиент, а приоритетом для терапевта -

предоставление клиентам наилучшего лечения для их исцеления. Что конкретно означает «исцелиться»? Что мы помогаем сделать нашим клиентам, как терапевты?

В основном, клиенты приходят за помощью к терапевту когда они в тупике. Они могут чувствовать, что застряли в цикле, например, в цикле негатива, в цикле страха, цикле тревоги, цикле зависимости, даже в цикле постоянного очищения. Регрессионная терапия – это прекрасный способ раскрыть и устранить источник этого эмоционального цикла. Терапия также важна тем, что помогает пролить новый позитивный свет на ситуацию клиентов.

Мой вопрос – а что потом? На мой взгляд, ценность устранённых блоков и новых инсайтов вступает в силу через физические, эмоциональные, ментальные и духовные действия, которые клиент решает совершить для продвижения вперёд. Это действие продвижения вперёд является важным компонентом процесса исцеления.

Освободиться от энергий и зациклиться, запутавшись в своих новых обстоятельствах, или постоянно продолжать очищаться, не представляя как двигаться дальше, не помогает человеку измениться. Совсем другое дело разобраться и найти силы двигаться вперёд по пути своего нового выбора – новых паттернов, нового поведения – новой трансформированной жизни. Сила состоит в принятии данного решения и приложении усилий, чтобы измениться.

Джинджер только что сообщили неутешительное известие. После полной реабилитации от только что перенесенного сердечного приступа, кардиолог сказал ей, что обе её сонные артерии заблокированы: левая сторона была заблокирована на 33 процента, а правая – более, чем на 50 процентов. Вариантами лечения были операция или медикаментозное лечение. Три главных осложнения операции – смерть, сердечный приступ и инсульт. Она с осторожностью отказалась от западной медицинской помощи, обратившись к холистическому направлению, которое ранее уже помогло вернуть ей здоровье. Ей запомнилось, что левая сторона была заблокирована на 33 процента – мастер-число 33 – и она была уверена, что это знак, что она может действовать иначе. Это знание вселило в неё силы, дало ей уверенность в её собственных целительных способностях. Она обратилась к экспертам и написала план лечения, которое по её расчётам должно было занять как минимум шесть месяцев прежде чем оно принесёт плоды. Её врачи и семья неохотно согласились с этим.

Она обратилась к натуропату, который изучил все значительные события её жизни, связанные со здоровьем, и разработал план лечения. Они сконцентрировались на улучшении иммунной системы и артериального снабжения, поддержании печени и стимулировании более лаконичной коммуникации между клетками. Также, три эксперта по эфирным маслам посоветовали масла для наружного использования и приёма внутрь. Масла должны были успокоить тело от травмы и открыть артериальное снабжение. Она разработала особую медитацию, которую практиковала в течении 20 минут каждый день. Она представляла себе как каждая клетка закупорившая артерию отваливается и осторожно покидает тело, безопасно удаляясь. Она также оценила древнее искусство Джин Шин Джитсу, которым она занималась еженедельно, а также посещала отличного терапевта по разговору с телом. Поверх всего она добавила регрессионную терапию, открыв себя очищению от всего ненужного, которое она носила в себе.

Вовремя своей регрессионной сессии, погружаясь в

транс с помощью счёта, Джинджер увидела себя висящей вниз головой. Её руки были завязаны сзади за спиной. Она почувствовала давление, а затем острую боль по бокам своей шеи, рядом с сонными артериями. Она чувствовала, что её голова зажата чем-то на подобие железа – она не могла ни двигаться, ни кричать, ни плакать. Её голосовые связки были парализованы. Затем, она почувствовала, будто её опускают вниз головой на винтообразный объект пыток. Потом она увидела, что её измученное тело висело в Камбоджийской тюрьме, известной как S21 – самый большой лагерь и центр пыток в Камбоджи, в котором между 1975 и 1979 годами Красными Кхмерами были казнены 20000 мужчин, женщин, детей и младенцев. Затем, она перешла в форму духа и поднялась к свету. И тогда она замолчала, не реагируя на команды. Позже она сказала, что увидела как поднялась из тюрьмы вверх вместе с другими душами. Пребывая в свете, она испытала глубокое переживание на энергетическом уровне с Сущностями Света.

Как эта сессия помогла её исцелению? Согласно Джинджер: «Я открыла тайные уголки моего разума, настоящего и прошлого, и выпустила страх, связанный с чувством, что меня схватили, запретили говорить и пытали без причины».

Сессия регрессии помогла осознать и осмыслить существование травматического опыта, который она удерживала и должна была отпустить. Вторым элементом регрессии была значимость для неё числа 33. Она чувствовала, что в прошлой, а иногда и в настоящей жизни, её заставляли сдерживать свой голос. Она чувствовала себя скованной, не имея возможности выступить против несправедливости и высказаться. Символом этого был металлический прут, расположенный поперёк её лица и челюсти, и сдерживающий её способность закричать.

Регрессионная сессия придала ей силы открыться и с этого момента решиться говорить правду. Её горло, а на самом деле её аутентичность, должно было открыться! Впоследствии, она посетила Камбоджи и S-21, которая сейчас является музеем, где она совершила целительную медитацию для себя и всех остальных.

Спустя три месяца данного плана комплексной терапии она пошла на медицинское обследование. Компьютерная томография (КТ) подтвердила 100-процентную проходимость обеих сонных артерий! Врачи настояли на проверке кальцификации внутри артерий, первого признака закупорки, и вновь уровень оказался равен нулю! Её врачи перепроверили первичные сканы и подтвердили, что закупорка действительно была там три месяца назад. Её исцеление было несомненным и завершённым, засвидетельствованным лучшими кардиологами в двух крупных медицинских центрах.

Этот воодушевляющий клинический случай ценен тем, что ярко иллюстрирует многообразие подходов, которыми способны овладеть терапевты и реализовать в своей собственной практике для помощи клиентам. Для наших целей, я выделю три особенно интересных аспекта. Первый заключается в том, что Джинджер находилась в полном контакте со своей силой, абсолютно уверенная в том, что сможет исцелить саму себя. Второй – она использовала интегративный подход разума, тела и духа, основываясь на ясно поставленной задаче. В третьих, двигаясь вперёд, она внедрила позитивные изменения во всю свою жизнь для поддержки своего здоровья.

По мере нашего продвижения вперёд, я постараюсь проиллюстрировать некоторые методы, которые я использую, чтобы:

- Помочь клиентам воспользоваться и воссоединиться с источником своей силы.

- Оказать клиентам поддержку, чтобы двигаться вперёд и вносить позитивные изменения в свою жизнь — в физическом, ментальном, эмоциональном и духовном плане.

- Направить клиентов к интегративному подходу в их лечении.

Это ни в коем случае не является исчерпывающим перечнем, в действительности, он далёк от этого. Эти пункты основаны на моём собственном опыте и представлены, чтобы проиллюстрировать преимущества терапии для клиентов, ориентированной на движение вперёд.

# Воссоединение с Внутренними Силами

Когда люди застревают в ограничивающем цикле или встречаются с особенно сложной ситуацией, вероятнее всего они потеряют своё самоощущение, ощущение собственной силы. По существу, глубочайшее убеждение большинства людей в данной ситуации: «Я недостаточно хорош». Часто это переходит в «я не достаточно хорош, чтобы вести здоровый счастливый образ жизни, которого мне хочется», что в последствии приводит к подавляющим чувствам страха, вины и обиды. Это, в свою очередь, приводит к паттернам неудовлетворительного образа жизни и циклам негативного поведения, полностью подавляя человека, приводя его к потере способности ощущать самого себя.

Подавленному человеку очень сложно найти силы для самоисцеления — восстановить себя и двигаться дальше. Как терапевты мы знаем, что ключевым элементом исцеления является сам человек – его желание выздороветь, и его внутренняя вера в то, что он выздоровеет. Это описано старой поговоркой: «Если ты веришь, что не сможешь, ты прав». Таким образом, первое, что должен сделать терапевт, чтобы помочь своим клиентам подключиться к вере в собственные целительские способности – воссоединить человека со своей внутренней силой, способностью изменить свою собственную жизнь.

Регрессионная терапия, в основном, работает по принципу замены негативных воспоминаний на позитивные мысли и новые ассоциации. Но регрессия также может быть использована для усиления и способствования осознанного понимания человеком собственных позитивных элементов. Это является более мощным подходом, поскольку человек переживает все самостоятельно, без внушений и принуждений, энергия, исходящая изнутри его самого, ещё больше наделяет его силами. Такой метод, на самом деле, вселяет веру в свои силы, и направляет людей на путь исцеления.

Один из моих любимых способов осуществления этого подхода – во-первых, перенести человека назад во времени (в прошлой или настоящей жизни), когда он испытывал сильные позитивные переживания, любое переживание, в котором он чувствовал сильный приток любви, или уверенности, или силы, фактически, любую придающую силы эмоцию.

Во-вторых, внимание человека фокусируется на данной эмоции так, чтобы он её осознал во всей полноте. Можно использовать следующие вопросы:

**Каково ощущать эту эмоцию?**

**Вам приятно её ощущать?**

**Где вы чувствуете эту эмоцию?**

В третьих, через прямое внушение человека побуждают культивировать эту эмоцию, по-настоящему усилить эмоцию и полностью в ней раствориться. Некоторые инструкции могут быть такими:

**Просто почувствуйте, как эта эмоция растёт. Позвольте ей вылиться из вашего сердца** (или того места, где они впервые заметили эту эмоцию) **прямо в ваше тело.**

**Почувствуйте, как эта эмоция наполняет всё ваше тело.**

**Полностью погрузитесь в эту эмоцию.**

После того, как эмоция будет находиться на своём пике, четвёртым шагом будет закрепить или заякорить ее. Когда эта позитивная эмоция будет прочно заякорена в душе человека, ему станет проще справляться с трудностями. В работе с травматическими воспоминаниями, привнесение позитивной эмоции до того, как человек столкнётся со своей проблемой, как правило, помогает ему увереннее встретиться с трудностью. Процесс трансформации протекает легче, когда человек может привнести свои собственные позитивные ресурсы во время столкновения с трудностями. Это дополнительно придаст ему внутренней силы и уверенности в себе. После этого мы можем сделать ещё один шаг вперёд, используя эту технику.

# Соединение с Нашей Божественной Сущностью

Все мы являемся Божественными Существами. У всех нас

внутри есть частицы «Источника». Тело, эмоции, воспоминания являются компонентами, которые мы воплотили, чтобы ускорить наше обучение в этой реальности. Пока мы пытаемся справиться со сложными переживаниями, которые помогают нам расти и учиться, легко забыть нашу настоящую безграничную сущность.

Регрессия может вернуть нас назад, чтобы помочь нам вспомнить и воссоединить нас с нашими божественными аспектами. Просто следуйте вышеописанному процессу до третьего шага. Когда человек полностью погрузился в позитивное переживание, попросите его перенести своё осознанное внимание в сердце. Можно использовать следующие возможные внушения:

**Переместитесь прямо в ваше сердце – прямо в глубочайшую глубину вашего сердца.**

**Войдите прямо в центр вашего сердца.**

**Осознайте, что вы чувствуете.**

**Перейдите прямо в источник этой эмоции и соединитесь с переживанием.**

**Перейдите прямо в источник этой эмоции** (только в случае, если эмоция исходила из сердца).

**Что вы осознаёте?**

Я использовала данную технику почти со всеми своими клиентами. При правильном соблюдении инструкции, все пациенты переживали интенсивную волну позитивной эмоции. Некоторым это напоминало глубокую любовь, кому-то - безмятежное спокойствие, кто-то почувствовал радостное блаженство. Некоторым визуально представлялось совершенство – золото, совершенно гладкая округлая галька, самые красивые цветы, или всплеск солнечного света.

Затем спросите, что для них символизируют визуальные картины или ощущения. По моему опыту, большинство клиентов идентифицировали эти ощущения с собой или центром самих себя, с остальными потребовалось провести более детальное рассмотрение. Знакомо ли это вам? Что в этом кажется вам знакомым? О чём это вам напоминает? Все определили это переживание как путешествие внутрь себя и встречу со своим внутренним ядром.

Затем вновь подтвердите это осознание, и переместите всё внимание человека на переживание. Примеры фраз таковы:

**Да – это вы, это ядро вашего существа, ваша Чистая Суть, ваша Божественная Сущность.**

**Просто почувствуйте как ощущается ваша Чистая Суть.**

**Просто почувствуйте совершенство, которым вы являетесь, красоту, которая и есть вы.**

С помощью прямого внушения, человека побуждают выразить эмоцию, по-настоящему закрепить её и полностью в неё погрузиться. Когда осмысление достигло своего пика, следующим шагом будет заякорить её.

Трэверс хотел поработать над некоторыми проблемами в отношениях. На консультации выяснилось, что любовь к самому себе лежала в основе урока, над которым он работал. Во время регрессии он сообщил о тяжело переносимой боли в области груди. С помощью идеомоторного сигналинга было определено, что энергетический блок был мыслеформой самоосуждения, которую он впитал от своего отца. Мыслеформа была устранена с помощью цветотерапии. Его попросили войти в центр мыслеформы, и он использовал три цвета для растворения энергии в центре – красный олицетворяющий любовь, оранжевый – мир и жёлтый – радость. Когда цвета растворили мыслеформу, испытываемая им физическая боль уменьшилась, а оставшаяся небольшая боль была устранена с помощью регрессии в прошлую жизнь. Так, область его сердца была освобождена от боли.

Идеомоторный сигналинг указал, что ему было необходимо соединиться со своим Божественным Началом. Используя выше описанные техники, он был направлен в центр своего, теперь уже освобождённого, сердца. Так Трэверс описывает свои переживания: «Погружаясь всё глубже и глубже в моё сердце, я почувствовал сначала, будто лечу вниз, в бесконечную чёрную пустоту. Потом, я внезапно оказался в абсолютно новом и дивном месте, полностью окружённым очень ярким белым светом, который был настолько ярким, что почти ослеплял. В середине этого заповедника стоял на коленях мужчина, сложив вместе ладони для молитвы, и я почувствовал такую ауру спокойствия и мудрости, исходящей от него, такое сильное чувство заботы и близости. «Это ты», - сказал голос, - «войди в него и стань им!», и я проплыл вперёд и соединился с ним. Невероятно, но я стал этой молящейся фигурой на коленях. У меня было сильное желание физически подвигать моими ногами и руками, и я позволил своему телу именно так и сделать».

На данном этапе, встреча Трэверса с его божественным началом была вновь подтверждена и его уверили по-настоящему изучить данный опыт и ощущения, а также усилить эмоцию и погрузить себя в неё. Он снова описывает этот опыт своими словами: «Последующие ощущения можно описать только в чрезмерно превосходной степени. Массивный взрыв интенсивной энергии, произошедший в моём сердце, выплеснулся наружу из моего тела, в особенности, исходя от рук и из кончиков пальцев, он озарил всё вокруг. По ощущению это напоминало электричество, но в миллион раз мощнее, так как это была энергия, тепло, свет и любовь – всё в одном. Я стал одним целым с искрящимся белым светом и я не мог сдержать слёзы радости, так как это было самое прекрасное чувство, которое я когда-либо ощущал на этой земле. Белый свет был вокруг меня, внутри меня, он был целиком мною, а я тоже был целой вселенной. Это было абсолютное и полное совершенство, такое прекрасное и простое, но, в то же время, такое величественное и умиротворенное, что я просто хотел находиться там, впитывать и лелеять это состояние вечно. Я без сомнения знал, что я вернулся Домой первый раз за всё время этой жизни, там я был на своём месте как создание света, и что энергия, протекающая через меня, была настолько сильной, что она могла бы создать саму основу вселенной».

На пике интенсивности эмоции Трэверс заякорил ощущения с помощью среднего и большого пальца. После того, как он погрузился в свою Чистую Суть так долго, как ему того хотелось, его попросили вернуться в сознательное восприятие. По его собственным словам: «Постепенно, энергия, протекающая через меня, остановилась и когда я вернулся обратно в тело, было ощущение будто оно всё ещё было онемевшим повсюду. Последствия данного опыта немного напоминали медленно увядающее остаточное изображение, которое остаётся после вспышки на фотоаппарате. Но по всему моему телу ещё ощущалось покалывание, особенно в моих пальцах, где из кончиков пальцев я всё ещё чувствовал выстреливающий белый свет. После сессии было сложно возвращаться в нашу общую ограниченную

Землёй реальность, беспокоиться как успеть на автобус домой, когда я чувствовал, что легко могу ещё несколько раз облететь вокруг планеты. Тем не менее, в душе я знаю, что, в будущем, я всегда могу призвать эту энергию в мою жизнь, и это по истине успокаивающая мысль. Я молюсь, что я буду использовать новое осознание вселенской энергии внутри меня во благо, а также в помощь себе и другим для понимания своих жизненных задач и достижений своих мирских и духовных целей».

Следующий раздел проиллюстрирует некоторые шаги, которые были предприняты для якорения этих позитивных переживаний. Трансформационная сила воссоединения с нашей Чистой Сутью, нашей Божественной Сущностью намного больше, чем мы себе представляем. В особенности, если это происходит в конце сессии, тогда человек уходит с приподнятым настроением, что облегчает его продвижение вперёд.

# Помощь Клиентам в Продвижении Вперёд

Разум похож на лошадь. Три ноги символизируют подсознание. Одна нога символизирует сознательный разум. Для того, чтобы лошадь двигалась вперёд, все четыре ноги должны двигаться в одну сторону. Таким же образом, для того, чтобы клиент смог согласованно продвигаться вперёд, и подсознательный и сознательный разум должны работать вместе, чтобы двигаться в одном направлении в одно и тоже время.

Регрессионная терапия является одним из самых быстрых, наиболее эффективных видов для работы и трансформации подсознательных воспоминаний. Для того, чтобы максимально увеличить исцеление клиента, также необходима работа и над сознательным разумом.

Ещё одно преимущество направления клиентов к работе с их сознанием в том, что это позволяет им по-настоящему взять на себя ответственность за исцеление.

## Постановка Цели

Осознание клиентами чётких целей, которых они хотели бы достичь на сессиях, является одним из наиболее важных упражнений. Один способ сделать это заключается в сборе измеряемых симптомов. Другой, более качественный способ, состоит в чётком определении текущего состояния на данный момент и желаемого состояния, которого они бы хотели достичь. Это явно определяет границы того, что они хотят получить от сессии, что также помогает им отслеживать свой прогресс.

На этом этапе мы должны помнить о необходимости обеспечить реальность их ожиданий. Постоянно напоминать им, что чудеса происходят после определённой настойчивости и усердной работы.

## Якорение с Помощью Запаха и Эфирных Масел

Якорение является ещё одним способом слаженной работы с сознательным и подсознательным разумом. По моему опыту одним из наиболее эффективных способов якорения определённого состояния является использование обоняния по средством эфирных масел. Помимо фармакологического эффекта отдельных эфирных масел, наиболее действенное влияние запаха на психику человека происходит через семантический механизм.

Обоняние является одним из наших самых первичных органов чувств. В отличии от других чувств, чувство обоняния непосредственно связано с нашей лимбической системой – эмоциональным центром мозга. Этот быстрый путь к эмоциональному штабу извлекает сильные эмоциональные воспоминания. Согласно книге Джеллинек (J.S. Jellinek) «Психодинамические воздействия запахов и их механизмы», мы сталкиваемся с ароматами в контексте жизненных ситуаций.[1] Если человек чувствует запах при сильной эмоциональной ситуации, то он остается в памяти вместе с пережитыми эмоциями. Когда впоследствии происходит встреча с этим запахом, то воспоминания извлекаются из памяти вместе с эмоциональным воздействием.

Пользуясь принципами семантического механизма, якорение эмоционального состояния с помощью эфирных масел позволяет клиенту реактивировать позитивный отпечаток воспоминания и заложенное в подсознание позитивное восприятие, перенося его в сознание человека.

Для этой цели могут быть использованы различные масла. Я лично предпочитаю комбинировать энергетические и фармакологические свойства масел с семантическим механизмом. Так, если кто-то работает над проблемами в отношениях, я использую смесь масел для исцеления боли, которую человек носит в себе. Если кто-то работает над самооценкой, я использую смесь, которая помогает распознать им своё великолепие. Эффективность масел заключается в работе на различных уровнях – разума, тела и духа.

Во время регрессионной сессии, когда позитивная эмоция достигает своего пика, используют прямые внушения для ассоциации запаха с позитивным переживанием. А когда это заякорено, используют аффирмации в качестве вторичного метода якорения переживания.

После выходя из сессии, во время дебрифинга, клиенту предлагают пользоваться маслом, повторяя аффирмации, каждое утро в течение трёх недель без перерыва Эффективность этого метода заключается в подсознательном извлечении уже преобразованных воспоминаний и перемещении их в сознательное восприятие клиента. Таким образом, и подсознание и сознание работают слаженно, чтобы укрепить новое, позитивное, улучшенное состояние клиента.

Семантический механизм совместно с фармакологическими воздействиями, делает эфирные масла особенно эффективным инструментом якорения позитивного состояния клиента.

# Присоединение к Будущему

Присоединение к будущему – техника, которую применяют в гипнозе и НЛП (Нейро-Лингвистическое Программирование), дабы подвести клиентов к визуализации воздействия трансформации на их жизнь в будущем, скажем, через 6 – 12 месяцев. Пожалуйста, отметьте, что это не прогрессия, и не предсказание, а просто мощная форма креативной визуализации.

Когда позитивная эмоция надёжно заякорена в душе человека, следующим шагом будет перенос клиента на 6 месяцев вперёд в будущее, чтобы позволить ему испытать, какова может быть его жизнь тогда. Направьте его пережить ситуации, которые были для него проблемными до якорения и преобразовательного процесса. Примеры используемых фраз и вопросов включают:

**Перенеситесь в будущее, на 6 месяцев вперёд, и расскажите мне, что вы замечаете.**

**Перенеситесь на встречу с вашим начальником** (или в любую другую сложную ситуацию). **Расскажите мне, что происходит.**

**Перенеситесь в будущее, на 12 месяцев вперёд, и расскажите мне, что вы замечаете.**

Присоединение к будущему позволяет человеку осознать возможность трансформированного будущего, что ещё сильнее вселяет в них силы произвести позитивные изменения, чтобы двигаться вперёд. Так как мы работаем с подсознанием, переживания воспринимаются буквально и, следовательно, ощущаемая эмоция реальна. Это придаёт клиентам уверенность и даёт толчок для движения вперёд. Такая процедура, произведённая в конце сессии, оставляет у клиентов чувство уверенности и положительное ощущение от пережитого опыта.

Для усиления данного переживания как в сознании, так и в подсознании, клиенты могут прийти на последующие сессии «наглядной карты». Задав клиентам в течение недели собирать фотографии, высказывания, всё, то что олицетворяет их мечты, подпитывает позитивную энергию от присоединения к будущему, усиливает в их разуме и душе уверенность в достижении цели. После, структурно и креативно соединяя всё это на наглядной карте, это придаст убеждение и станет сильным наглядным напоминанием о том, чего они могут достичь и над чем они работают. Это важный шаг наделения клиента верой в своих способности.

# Благодарность

Благодарность является одной из самых важных эмоций, которые способен пережить человек. Благодарность помогает человеку осознать и испытать радость за имеющиеся у него благословления и благополучия, нежели чем, сокрушаться о том, чего у него нет.

Также важно, чтобы человек испытывал благодарность по отношению к себе. Многие люди не достаточно признают свои собственные способности и таланты. Это способствует низкой самооценке и чувству собственной никчёмности среди прочих других умоляющих собственное достоинство эмоций, что приводит к негативным поведенческим паттернам.

Осознанное признание себя является ключом к сдвигу этого мыслительного паттерна и, даже ещё лучше, помогает человеку повысить свой личностный потенциал. Я пришла к выводу, что одним из лучших способов направить к этому клиента – это ведение дневника благодарностей. Сара Бэн Брэснэч (Sarah Ban Breathnach) в своей книге *«Простое Изобилие»* описывает важность быть признательным и благодарным за простые вещи в жизни.[2] Она разработала очень простой, но в то же время мощный способ, для человека осознанно признавать и ценить собственное благополучие посредством ведения ежедневного дневника благодарностей.

Её идея заключается в записывании человеком перед сном по крайней мере пяти вещей, за которые он благодарен. Это простое ежедневное действие заставляет человека осознать и перечислить свои радости перед сном. Это важно делать именно перед отходом ко сну, так как человек наполняется позитивными мыслями перед ночным отдыхом. Затем, это фильтруется в подсознание, и позитивная энергия удерживается на протяжении всей ночи. По меньшей мере, человек будет спокойно спать ночью.

Я использую лёгкую вариацию этой блестящей идеи. Каждый вечер, мои клиенты перечисляют по крайней мере пять вещей, за которые они благодарны, себе – это может быть за то, что они сделали или за что-то, что они чувствуют, и это могут быть как большие, так и маленькие заслуги. Одна моя клиентка благодарила себя даже за чистку своих зубов. Простые вещи, на которые часто не обращают внимание, важны. И этот процесс помогает осознанно оценить те благие дела, которые остаются незамеченными. Некоторые фразы, которые я рекомендую использовать моим клиентам, включают:

**Я благодарю себя за ...**

**Я хвалю себя за ...**

Когда эти действия и мысли записаны на бумаге, они становятся осязаемыми. После 30 дней, когда человек перелистывает страницы дневника, он или она видят 150 причин, за которые они себя ценят, и осознают 150 вещей, за которые они достойны похвалы самому себе. Их прочитывание, невероятно помогает человеку ощутить свою внутреннюю силу. Самое важное то, что это работает, и написано и признано самим человеком. Таким образом, человеку проще принять то, что он написал о себе, что ещё больше придаёт ему веры в собственные силы.

Джейк, мужчина 40 лет, боролся с сексуальной зависимостью от работников секс-индустрии. Он работал над этой проблемой с двумя разными психологами, но всё напрасно. На тот момент, когда он пришёл на терапию, он уже был год как разведён с женой и переживал болезненный разрыв со своей девушкой, который ему тяжело было преодолеть. Целью его терапии стало выяснить, почему он страдает этой сексуальной зависимостью, а также в чём ключ его отношений с бывшей женой и девушкой.

После сбора анамнеза, необходимо было сначала объяснить Джейку механизм зависимости, чтобы выявить ее первопричину. Про механизм зависимости он услышал впервые. С помощью НЛП выяснилось, что причина его сексуальной зависимости была жажда близости, нежных объятий и заботы, которую он получал вместе с сексом. Более подробный анализ выявил, что в детстве Джейк был лишен желаемой любви и заботы матери.

Депривация материнской заботы была настолько сильной, что его мозг отфильтровал и спрятал эту необходимость, в качестве защитного механизма. Не смотря на то, что он не осознавал свою потребность в любящей заботе, подсознательно это создало в нём сильное желание поиска чего-то, что заполнило бы пустоту, в данном случае, глубокая близость, которую он получает с сексуальным опытом. Таким образом, мы определили, что цель этой сессии заключается в минимизации его зависимости, путём направления работы на корневую причину.

Регрессировав, он перенёсся во время, когда он упал с дерева в открытую канализацию в возрасте пяти лет. Он ушибся и испытал шок, но вместо желанных объятий и утешений, мать отругала его. Затем, он перенёсся немного вперед, когда ему было восемь, и он находился в доме своего кузена, отмечая Китайский Новый Год. Он был очень рад, что мама разрешила ему около полуночи подарить его кузену Анг Пау (красные мешочки, наполненные деньгами – Китайская традиция). Когда время настало, он радостно раздал мешочки, но неожиданно для него его мама накинулась и отругала его на глазах кузена. Это его невероятно сильно расстроило. Именно такого рода лишения материнской заботы составляли его переживания.

Во время попытки трансформации воспоминаний произошла интересная вещь. Джейк внезапно испугался и сказал: «Он идёт, я его боюсь, он идёт». Затем, его поза, выражение лица и тембр голоса полностью изменились. Его тело напряглось и надулось, голос стал хриплым, а выражение лица ожесточилось. После некоторого расспроса эта новая часть была идентифицирована как Злой Джейк (ЗД), который заботился, чтобы Джейка никто не обидел, и останавливал его от создания здоровых, любящих отношений с близкими ему людьми. Это был классический случай самосаботажа в отношениях, чтобы защитить самого себя.

Тогда я спросила, где находился Любящий Джейк (ЛД) и можно ли мне с ним поговорить. ЛД проявился робким застенчивым шёпотом. Потребовалось немало уговоров, чтобы ЗД позволил ЛД вырасти, но в конце концов он согласился с условием, что он сможет наблюдать, и ЛД тоже согласился. Используя регрессию внутреннего ребёнка для того, чтобы поместить его в источник проблемы (когда ему было пять лет), ЛД были предложены разноцветные шарики, содержащие такие качества как доверие, защищённость и безопасность, дабы укрепить его силы и способность расти. Иногда ЛД приходилось останавливаться в некоторых местах, продвигаясь по разным возрастам, тогда ему давали больше воздушных шаров для придания сил, чтобы полностью вырасти до той степени, пока он целиком не интегрировался в текущий возраст.

ЗД встревал в середине процесса, не позволяя ЛД расти, он был уверен в том, что Джейк делает себя слабее, и ЛД не сможет защитить Джейка. Тогда, у ЛД и ЗД состоялся разговор, к которому ЛД был подготовлен благодаря предыдущему укреплению, и после некоторого противостояния ЗД наконец-то сдался и позволил ЛД себя победить.

В конце концов ЛД позволили вырасти и заполнить тело Джейка. Когда чувство любви находилось на пике, состояние заякорили с помощью масел и аффирмаций. После сессии Джейк получил масло, а также аффирмации, с инструкцией по использованию и того и другого каждое утро в течение месяца. Ему также было дано задание делать записи в своём дневнике благодарностей каждый день, чтобы осознавать чувство собственного достоинства.

Спустя шесть месяцев после сессии, он ни разу не посетил работниц секс-индустрии. По его словам: «Иногда я испытываю сильное желание, но вдохнув запах масла и повторив аффирмации, я расслабляюсь и чувствую себя спокойнее. Также, когда случались ситуации, которые бы раньше меня разозлили и заставили бы меня взорваться, я останавливаюсь, стараясь справиться с бурной эмоцией, и задаю себе вопрос «Что хочет ЛД?». И я делаю так, как сделал бы ЛД, что, как правило, для меня является наилучшим».

Эта сессия не принесла ему исчерпывающих инсайтов об его отношениях с бывшей девушкой и бывшей женой, так как в эти часы происходило многое другое. Тем не менее, эти ответы были получены в последующей сессии регрессии в жизнь между жизнями.

Движение вперёд является ключом к трансформации клиента. Этот клинический пример чётко демонстрирует, как регрессия, терапия частей и регрессия внутреннего ребёнка трансформировали подсознание, а постановка целей, аффирмации, масла и дневник благодарностей настроили сознание на слаженную работу, направленную на преодоление клиентом его зависимости. Он всё еще испытывал побуждения после сессии несколько месяцев спустя, но интенсивность тяги уменьшилась и он мог осознанно управлять своей реакцией на неё. Таким образом, он не шёл на поводу у страстного желания, что преумножило его чувство уверенности в своих силах и любви к самому себе.

Я снова хотела бы подчеркнуть, что это, ни в коем случае, не является исчерпывающим списком. Существует множество способов работы с сознательным разумом. Это лишь некоторые используемые мною техники, которые доказали свою эффективность. Открытие новых техник для помощи клиентам – одна из радостей данной работы.

# Интегративный Подход к Исцелению

Древняя эзотерическая мудрость делает большой упор на интегративный, холистический подход к исцелению. Традиционная китайская медицина и Аюрведа, например, рассматривают весь энергетический поток человека – поток разума, тела и души, которые работают слаженно друг с другом, как показатель их полнейшего здоровья и благосостояния. Разум, тело и дух настолько связаны между собой, что несмотря на то, что одну проблему или недомогание можно отследить до энергетического блока в одном или во всех аспектах, затронута будет вся система.

Я уверена в том, что необходим холистический взгляд на человека, в том числе и в комплементарной терапии. Ясный, свободный поток энергии в теле, разуме и душе обеспечивает хорошее здоровье и благополучие. Чтобы определить основную причину любой болезни и изменить жизнь клиента в сторону лучшего здоровья и благополучия, необходимо рассмотреть все связи. Гербер в своей книге «Вибрационная Медицина» заявляет:[3]

Медицина, направленная на понимание энергии и вибрации, и того, как они взаимодействуют с молекулярной структурой и балансом организма, является медленно развивающейся отраслью, известной как вибрационная медицина. Искусство лечения в текущей медицинской модели, которой всё ещё свойственен ньютоновский подход, подлежит обновлению с помощью новых открытий в мире физики и других смежных наук. Признание нашей принадлежности к этим высоко-частотными энергетическими системами приведёт к слиянию эзотерической мудрости и современных научных данных. Тенденция холистической медицины, в конечном итоге, приблизит терапевтов к признанию, что для того, чтобы нам быть здоровыми, нам необходимо иметь целостные взаимоотношения между разумом и телом.

В первом клиническом случае, Джинджер комплексно подошла к исцелению своего разума, тела и души. Комбинация натуропатии, Джин Шин Джитсу, эфирных масел и регрессионной терапии дало чудесные результаты, которые потрясли врачей в двух странах.

Идеомоторный сигналинг – это ещё один способ, с помощью которого мы можем направлять клиентов к интегративному подходу. После сеанса регрессии терапевт может обратиться к  подсознанию клиента с вопросом о необходимости проведения других форм терапии для решения проблемы, а также уточнить, какого рода терапия нужна.

Не обязательно один терапевт должен быть знатоком всех разнообразных модальностей, чтобы предоставлять своим клиентам холистическое лечение. Это может быть и совместная деятельность. Когда я только начала практиковать в Сингапуре, мне очень повезло, я попала в окружение невероятно умных, талантливых и обладающих интуицией терапевтов, я зову их мои «Сёстры-Богини». Каждый член группы был полноправным потрясающим целителем, каждый обладал смелостью и уверенностью. Во время обучения для получения диплома, я занимала место клиента в терапевтическом кресле в качестве подопытного кролика. Применяя терапии, практики и навыки на друг друге, наши индивидуальные знания и опыт росли, обеспечивая наилучший подход к нашим клиентам. И, что не менее важно, у нас было партнёрство для перекрёстного направления клиентов, которое позволяло им воспользоваться отдельными модальностями. Это гарантировало нашим клиентам наиболее холистический подход к их проблемам.

По моему опыту, совместная работа или присоединение к кругу терапевтов является важным элементом практики. Помимо прекрасной персональной групповой поддержки, перекрёстное направление знаний, навыков и клиентов помогло мне вырасти как терапевту и обеспечить наилучший возможный уход моим клиентам.

# Резюме

Моей основной целью было привлечь особое внимание важности направления клиента к продвижению вперёд. Устранение и освобождение энергий является лишь одним шагом к процессу исцеления. Интеграция и принятие шагов к продвижению вперёд является другим критическим шагом.

Для того, чтобы это осуществить, человек должен быть уверен и верить в то, что он может произвести необходимые изменения. В Новом Мире, в котором мы уже пребываем, энергии таковы, что человек может создавать свою реальность. Как терапевты, мы определяем не только первопричины и оказываем помощь человеку в устранении блокировок, но, что не менее важно для нас, поддерживаем клиентов, чтобы они поверили в собственные силы исцеления и развили эту уверенность в себе изнутри.

Работая с разумом, важно, чтобы и сознание и подсознание двигались в унисон к достижению цели. Для этого цель должна быть чётко определена. Наделяя клиентов верой в собственный потенциал для активного участия в собственном исцелении, побуждает их достигать эти цели с большим упорством. Это может быть осуществлено с помощью деятельности подсознания, включая аффирмации, реактивирование якорей и выражение благодарности. Это перенастраивает нейронные связи сознания на один уровень с подсознанием, создавая более мощный эффективный механизм, чтобы дать возможность произойти изменениям..

Интеграция различных терапевтических модальностей столь же важна для расширения целительного пути человека, как и интеграция между сознанием и подсознанием. Разум, тело и дух работают как единый блок, чтобы обеспечить человеку наилучший поток энергии, а комплексный подход к исцелению необходим, как гарантия того, что этот поток ясный, чистый и здоровый. Совместное использование различных форм терапии может сотворить чудеса.

Суть этой главы удачно отражена в приведенном ниже стихотворении мудрого мультипликатора и поэта Майкла Люнинга:

*Мы боремся, мы утомляемся, мы устаём*

*Мы изнурены, мы измучены, мы отчаялись*

*Мы сдаёмся, мы падаем вниз, мы отпускаем*

*Мы плачем*

*Мы опустошены, мы успокаиваемся, мы готовы*

*Мы тихо ждём*

*Появляется маленькая застенчивая истина*

*Появляется извне и изнутри*

*Появляется и рождается*

*Простая, надёжная, ясная*

*Как зеркало, как колокольчик, как пламя*

*Как летний дождь*

*Внутри нас появляется и рождается драгоценная истина*

*В нашей пустоте*

*Мы принимаем её, мы наблюдаем за ней, мы впитываем её*

*Мы отдаёмся нашей истине*

*Мы подпитаны, мы изменены*

*Мы благословлены*

*Мы поднимаемся*

*За это мы говорим спасибо*

# Об Авторе

**Рина Кумарасингхэм,** Бакалавр Психологии, МВА, Дипломированный Регрессионный Терапевт (Dip RT)

Рина закончила факультет психологии, она является терапевтом НЛП, терапевтом жизни между жизнями (LBL) и регрессионным терапевтом с международной практикой. Она – директор *Divine Aspect* (Аспект Божественного Естества), концепция которого заключается в целостной поддержке людей осознания собственного потенциала на пути к принятию и почитанию своей собственной аутентичной сущности. Рина также является создателем *Divine Essence* (Сущность Божественного Вещества), которая предоставляет ряд трансформационных масел для повышения эмоционального и энергетического состояния. Она – член-основатель *Сообщества по Медицинскому Продвижению и Исследованию Регрессионной Терапии* (*Society for Medical Advance and Research with Regression Therapy*), а также сертифицированный тренер *Академии Регрессии в Прошлую Жизнь* (*Past Life Regression Academy*). Дополнительная информация доступна на сайте: *www.divineaspect.com*, или по email: *reena@divineaspect.com*.

# Литература

1. Jellinek, J.S., *Psychodynamic Odor Effects and their Mechanisms*, Cosmet, 1997.
2. Breathnach, S. B., *Simple Abundance,* Warner Books, 1995.
3. Gerber, R. *Vibrational Medicine,* Inner Traditions, 2001.

# 2

# Работа с Тёмной Энергией

### Энди Томлинсон

*Ваша задача - не в том, чтобы найти любовь,
а в том, чтобы искать и найти все барьеры
внутри вас самих, которые вы выстроили вокруг неё.*

Джалалладин Руми, суфий 13$^{\text{ого}}$ века

## Введение

Когда я только начинал предлагать регрессионную терапию клиентам в 1995 году, прикрепления духа встречались редко, а когда встречались, обычно, их устранение не составляло труда. Техники, направленные на это, были включены в мою книгу *«Исцеление Вечной Души»* (*Healing the Eternal Soul*). Спустя годы я всё чаще стал замечать, что прикрепления духа стали более значимой проблемой, и прихожу к заключению, что большинству клиентов необходимо их устранение во время терапии. Похоже происходит быстрое изменение вибрации Земли и пелена между нашим миром и другими измерениями становится тоньше и её легче пересечь. Некоторое доказательство тому исходит от НАСА.

Дыра в ауре земли становится больше[1], а самая интенсивная солнечная буря более, чем за последние 50 лет, произошла в 2012.[2] Духовные мероприятия «работников света» (lightworkers) также способствуют этому повышению вибраций. С одной стороны, многим людям это приносит пользу, но с другой - усиливает плотную энергию неразрешённых проблем бестелесных духов. Это причиняет им беспокойство и их притягивает высокая вибрация людей, иногда им кажется, что это дорога «домой». Это как ночные бабочки, которых влечёт свет по ночам.

С 2010 года я всё больше и больше стал вовлечён в работу с, как я её называю, «тёмной энергией». Это просто энергия без света. С духовной точки зрения, она не является ни плохой, ни хорошей, так как всё несёт в себе энергию Источника и служит определённой цели в более широком плане. Также не следует путать тёмную энергию с тем, что некоторые считают «демоническим овладением». Это вопрос был разъяснён в моём совместном исследовании с Яном Лотоном (Ian Lawton) для его книги *Мудрость Души*. Он был основан на ченнелинге различных групп «Старейшин» - крайне сведущих созданий, относящимся к духам света, которые помогают раскрытию духовного плана земли. Они объяснили, что демонические силы существуют лишь в умах людей. Если они ожидают встречи с ними, то они их встретят. Тёмная энергия, с другой стороны, является обобщённым понятием, используемое мною для описания прикреплений духа, которые тяжело устраняются, а также для ряда навязчивых энергий или фрагментов, которые обладают очень сильным энергетическим источником.

Техники, используемые в этой главе, были получены посредством ченнелинга Старейшин. Когда я впервые стал заниматься этой работой, я задавал себе вопрос, почему Старейшины не делают всю работу сами. Но с их уровнем более высоких вибраций проникнуть в плотную энергию земли для устранения тёмной энергии представляется затруднительным. Порою, мне казалось, что я определенно схожу с ума. Я продолжал свою работу только благодаря независимым проверкам терапевтов, на интуицию которых я мог положиться, и последующим позитивным отзывам клиентов. Когда Ян Лоутон проводил сессию ченнелинга для своей новой книги «Будущее Души», он написал мне, что моя работа по устранению тёмной энергии была жизненно необходимой. Я не присутствовал при этом, но это дало мне новую мотивацию продолжать. На сегодняшний день, я уже применял эту технику с сотнями клиентов на индивидуальных сессиях и дистанционно.

Действительно, моя работа оказалась настолько удачной, что её использование распространилось на очищение определённых участков земли от тёмной энергии – в частности древних религиозных мест и энергетических центров – в Англии, Перу, Сингапуре, Индии, Тихоокеанских областей, Гавайи, Мексике и Новой Зеландии. Это тёмная энергия была склонна скапливаться из-за войн, массовых пыток и даже экспериментов с энергий в древних цивилизациях таких, как Атлантида или Лемурия. Как бы то ни было, это глава посвящена устранению тёмной энергии у клиентов.


# Что Такое Тёмная Энергия?

С тёмной энергией можно столкнуться в виде бестелесного духа, эмоциональной энергии или просто энергии. Зачастую, она обладает высоким зарядом от энергетического вихря, портала или от Источника. Иногда, энергия может исходить извне солнечной системы. При устранении энергии такого высокого порядка необходимо использовать определенные процедуры. Как правило, терапевт разговаривает с бестелесным духом, который прикрепился к клиенту, пытаясь получить его согласие направиться к свету. Что касается тёмной энергии, разговор вряд ли возможен, поэтому её необходимо устранить против её воли. Это требует некоторого разъяснения. Как правило, свобода волеизъявления людей или прикрепленного духа уважается миром духов, так мы получаем опыт и учимся в качестве души. Однако, в это особенное время энергетической планетарной перестройки, тёмная энергия просто создаёт препятствия. В определённых ситуациях растущие потребности человечества перевешивают индивидуальную потребность. Всё, что нужно сделать терапевтам – это удостовериться в том, что Старейшины дают разрешение и позволяют решить этот аспект на более высоких духовных уровнях.

Влияние тёмной энергии на физическое состояние может включать истощённое энергетическое поле, внезапный упадок сил, невозможность чётко мыслить, раздражение и отсутствие мотивации. Длительное воздействие может привести к серьёзным проблемам со здоровьем. Если энергия проникнет достаточно глубоко в энергетическое поле клиента, это может привести к обладанию тела духом.

# Клинический Случай – Изнасилование Духовного Паломника

Джанет была 60-летний женщиной, проживающей в духовном сообществе на юге Англии. Её поразительная история говорит сама:

Я пережила групповое изнасилование в Индии. До этого я пережила пять эпизодов маниакально-депрессивного психоза с десятью госпитализациями, электроконвульсивную терапию (ЭКТ), анти-психотические препараты и два года в сообществе альтернативной терапии. Пожалуй, наиболее травматическое переживание произошло, когда я, находясь в полном психозе, выбежала из дома и разбила окно у близлежащего магазина, в результате, попав в тюрьму Холловэй. Находясь в психотическом состоянии, меня поместили в одиночную камеру в смирительной рубашке. Галлюцинации, которые мне пришлось пережить, были дикими и ужасающими – скорпионы вылезали из под пола и удавы извивались по всей камере. Мира Хиндли просачивалась из стен в чёрном, сочащимся ужасе, и это была ночь смертельного страха, наполненная реальностью и убеждениями психотического характера. Когда меня выпустили, я направилась во Францию, но попала в психиатрическую больницу в Лилле, где меня привязали к кровати с фиксаторами на грудной клетке, запястьях и лодыжках, и оставили меня пропотеть, чтобы я освободилась от наркотиков.

В 1975 я поехала в Индию и провела шесть лет с духовным учителем, и это было периодом радости и исцеления, несмотря на факт моего группового изнасилования. В первые годы моего пребывания, я на закате спускалась к речке, садилась и медитировала около небольшого речного бассейна, где солнечные лучи играли на поверхности воды, переливаясь красивым магическим светом. Но однажды, когда я спускалась к моему месту, большая группа сикхских индийцев в тюрбанах подъехали к реке на своих мотоциклах. Они погнались за мной, схватили меня и изнасиловали прямо там на траве, один за другим – их было восемь или девять. Я вышла из моего тела и обнаружила, как смотрю на них сверху и прощаю их. Затем, они стащили меня к реке, там где было мелко, и один из них изнасиловал меня в реке. Я почувствовала, как вода покрыло мне лицо и я отдалась смерти.

Это был трансцендентальный опыт, заключавшийся в сочувствии мужчинам, которые меня изнасиловали, в том, что я их простила, но также в ощущении глубокого спокойствия и радости, которые появляются при близкой встрече со смертью. Как бы то ни было, мой разум, тело и эмоции были ранены и в меня проник страх – страх мужчин и непереносимость любого насилия, исходящего от них, будь то психического, физического, эмоционального или духовного, по отношению ко мне или к кому-либо другому.

Я хотела заглянуть в контракт моей души, чтобы лучше понять то, что касается перенесённого мною в этой жизни психического расстройства. Я как бы не могла полностью поверить, что я была светлым существом после того, как я пережила столько травм и негатива. Я чувствовала, как меня накрыла теневая завеса и, порою, не могла ощутить контакт с душой.

В первой сессии, когда я рассказывала об этих воспоминаниях, я ощущала, как от меня удалялись энергии, но я была настолько поглощена моей собственной историей, что не совсем понимала, что происходит. Тем не менее, на следующий день я почувствовала воздействие этой сессии. Я ощутила невероятною лёгкость и чистоту, и когда я вернулась в мою гостиницу, женщина, которая открыла мне дверь, посмотрела на меня с изумлением. Она спросила, что со мной случилось, так как я выглядела настолько моложе и излучала свет, которого у меня не было, когда я только приехала. Я обнаружила, что медитация открыла меня и я вновь ощутила себя в контакте с духом. Также, я стала менее склонна к критике по отношению к жестоким мужчинам. Прошло больше года с моей сессии и я всё ещё чувствую себя легче и чище, как будто теневая завеса растворилась и я примирилась с прошлым, поняла и интегрировала его.

На протяжении её жизни сопряженной с травматическими событиями, включая психоз, госпитализацию и изнасилование, Джанет собрала тёмную энергию в форме прикреплений духов, а также высоко заряженных мыслеформ и эмоций, переплетённых со множеством неразрешённых воспоминаний. Кое-что из этого можно было бы рассмотреть в процессе ряда сессий традиционной регрессии и энергетической чистки. Однако, используя традиционный подход, ушло бы немало времени на повторное посещение и рефрейминг такого большого количества травматических воспоминаний.

Таким образом, первая сессия под руководством Старейшин включала немедленное создание воронки для определённого количества тёмной энергии, затем распутывание оставшейся тёмной энергии из сознательных воспоминаний, в которых изнасилование являлось основным. Это касалось ослабления тёмной энергии и её устранения после исследования каждого воспоминания с помощью созданной воронки. Потребовалось совсем немного времени, чтобы понять духовную сторону, так как Джанет уже простила тех мужчин, которые её изнасиловали. Интересно, что совсем не потребовалось никакой телесной терапии, потому что энергия, содержащаяся в телесных воспоминаниях, была автоматически устранена в то время, когда тёмная энергия удалилась.

Вторая сессия с Джанет была проведена с использованием регрессии в жизнь между жизнями помогла ей понять духовные контракты её текущей жизни. Она обнаружила, что психоз был заранее запланирован для того, чтобы её душа и душа её отца смогли проработать и разрешить борьбу за власть, которая шла между ними многие жизни. Её отец также был маниакально-депрессивным и, ощущая его боль, она смогла его полюбить. В её словах: «В нашем совместном бессилии вся борьба растворилась в безусловной любви». Изнасилование было запланировано в качестве драматического способа пробуждения духовности Джанет в то время, как она проживала в сообществе, которое могло помочь посмотреть на произошедшие события с духовной стороны.

# Независимая Интуитивная Проверка

Прежде чем, мы рассмотрим техники на устранение тёмной энергии, следует обратить внимание на существующую универсальную технику, в которой нуждаются терапевты. Это интуитивная «да-нет» коммуникация, независимая от клиента. Если терапевт чувствует себя уверенно в использовании маятника, то можно использовать его, но само-идеомоторная проверка быстрее. Лично я использую технику само-идеомоторной проверки, а также преподаю её моим студентам регрессионной терапии. Это невероятно практично для проверки идеомоторных ответов клиентов во время традиционной терапии. Терапевту важно полагаться на свой собственный сигналинг, так как тёмная энергия может блокировать или загрязнять собственные идеомоторные ответы клиента. Для тех, кто не знаком с техникой, шаги таковы:

1. Успокойте сознательный разум. Это будет легче для тех, кто регулярно медитирует или делает само-гипноз.

2. Создайте намерение для высшего разума поднять палец на правой или левой руке, чтобы обозначить «да».

3. Позвольте сознанию задремать и подождите пока поднимется палец.

4. Создайте намерение для высшего разума поднять другой палец на той же руке, чтобы обозначить «нет».

5. Позвольте сознанию задремать и подождите пока поднимется палец.

6. Создайте намерение, что те же самые пальцы будут использоваться во всей будущей коммуникации, чтобы давать ответы да-нет.

Возможно, самая сложная часть – это отпускание. Если палец не поднимается, как правило, это потому, что сознание активно и аналитическая часть преобладает над интуитивным ответом. Иногда, прикрепление духа в энергетическом поле клиента может блокировать движение пальца.

Важно обрести уверенность, что сигналинг не зависит от сознания и что на его точность можно положиться. Это приходит только с проверками в реальных условиях. Я прошу студентов работать в парах, чтобы подтверждать ответы, а тех, кому комфортно использовать маятники, делать проверку с их помощью. Это могут быть вопросы вроде: «Достаточно ли моей энергетической защиты?» или «Есть ли у меня какая-либо энергия, которая мне не принадлежит?» или «Есть ли у меня какие-либо неразрешённые проблемы текущей жизни?» Чем больше техника практикуется, тем более точной она становится, и тем проще предотвратить вмешательство сознания.

Если ответы после постановки вопроса приходят быстро, а иногда даже до окончания формулировки вопроса, вероятность того, что вмешалось сознание, мала.

# Устранение Тёмной Энергии у Клиентов

Теперь, мы приступим к рассмотрению деталей пятишагового процесса устранения тёмной энергии у клиентов. Он проводится в тишине, когда клиент находится в расслабленном состоянии с закрытыми глазами, и занимает всего несколько минут.

## Шаг 1 – Разрешения и Проверки

Устранение тёмной энергии требует поддержки Старейшин, духовных наставников или других специальных духов света. В последующем повествовании я буду использовать слово «Старейшины» в качестве коллективного имени для всех них. У нас у всех есть связь со Старейшинами, по крайней мере, на стадии планирования нашего времени между жизнями. Это соединение может быть усилено посредством медитации, энергетических техник и регрессий. Однако, фрагменты от ранее освобождённых прикреплений духа или тёмной энергии могут блокировать соединение и служить препятствием к истинности информации из пространства духовных сфер с более высокой вибрацией. По этой причине, перед сессией, включающей тёмную энергию, важно очистить любое используемое интуитивное соединение.

Это можно сделать быстро и если терапевт часто с этим

работает, он может включить это в свою рутинную медитацию:

- Представьте интуитивное соединение со Старейшинами и намеренно отправьте по нему вверх вращающуюся очищающую белую энергию. Можно использовать цветную очищающую энергию, если вы интуитивно чувствуете, что это правильно. Терапевт может проверить, что соединение беспрепятственное, с помощью идеомоторного сигналинга пальцем.

Прежде чем начать устранение тёмной энергии у клиента, терапевту также необходимо установить, что у него есть разрешение Старейшин:

- Создайте намерение установить связь со Старейшинами и проверить с помощью пальцевого идеомоторного сигналинга, что было дано разрешение на устранение тёмной энергии.

Как правило, тёмная энергия происходит из энергии Источника и должна быть возвращена туда. Иногда, некоторая её часть или она вся может состоять из более высоких вибраций Источника за пределами солнечной системы – Космический Источник – и должна быть возвращена туда. Это может быть установлено через идеомоторную проверку.

- Проверьте с помощью идеомоторного пальцевого сигналинга, если тёмная энергия должна быть возвращена Источнику или Космическому Источнику.

Все выше описанные проверки могут быть сделаны до того, как придёт клиент. Но во время интервью клиент также должен дать разрешение.

- Я говорю клиентам, чтобы они аккумулировали энергию,

которую необходимо устранить, в своём энергетическом поле. Подобно чистке пальто от пыли. Иногда, я её называю тёмной энергией и могу обсудить её наличие у других членов семьи.

# Шаг 2 – Защита Терапевта и Других

Принцип любой защиты в том, что энергия следует за мыслью. Самый простой способ создать защиту – представить энергетический щит вокруг ауры. Например, визуализировать, как вы стоите под водопадом защитной энергии, или как одеваете на себя плащ из белой энергии.

Однако, работая с тёмной энергией, обычной энергетической защиты может быть недостаточно. Это очень опасно для терапевтов с энергетической точки зрения, если они считают, что они могут положиться на их обычную защиту, какой бы она ни была. В то время как тёмную энергию можно убрать из ауры терапевта, даже оставшиеся фрагменты могут стать причиной серьёзного энергетического истощения. Таким образом, предпочтительнее предотвратить появление этой проблемы.

Один из способов установить более сильный энергетический барьер – создать намерение, чтобы привнести энергию непосредственно из вселенной через коронную чакру терапевта и окружать себя её, выпустив её наружу из своей сердечной чакры. Если большая часть незавершённых тем были проработаны, этот энергетический поток весьма эффективен.

Конечно, пребывание в человеческом теле с неразрешёнными проблемами может стать причиной возникновения негативных эмоций. Это может сделать ауру уязвимой, поэтому можно использовать более тщательную энергетическую защиту. Это касается использования энергий различной цветовой гаммы, обладающих различными вибрационными свойствами, чтобы была возможность точнее выверить энергетическую защиту для различных областей ауры. Идеомоторная пальцевая проверка установит, есть ли в этом необходимость. Шаги для создания этого таковы:

1. Находясь в лёгком трансе, установите контакт с вашим духовным наставником или со своим высшим Я. Создайте намерение, чтобы во время устранения тёмной энергию у вас была подходящая личная защита.

2. Сфокусируйтесь на внутреннем ядре вашей души и спросите, какой цвет необходим вокруг неё для защиты. Ответ придёт интуитивно или через совет духовного наставника. Создайте намерение, чтобы эта цветная энергия снизошла и окружила внутреннее ядро.

3. Спросите, какие ещё необходимы цвета и повторите процедуру, чтобы спустить дополнительные цветные энергии, одну за другой.

4. С помощью совместного вращения цветных энергий, можно создать экстра защиту, поэтому задайте вопрос, есть ли в этом необходимость. Если да, то можно представить как цвета закручиваются вместе.

Это завершает защиту внутреннего ядра. Следующими важными областями являются чакры. Прикрепления духа всегда следуют к самой слабой точке. Часто, это чакра, близлежащая к тому месту, где хранятся неразрешённые эмоциональные воспоминания, поэтому важно окружить её дополнительной защитой:

5. Спросите, нужна ли цветная энергия коронной чакре. Если да, то с помощью намерения спустите её сверху,

чтобы окружить чакру. Проверьте нужны ли другие цвета и, если нужно, спустите их вниз один за другим. Если необходимо, закрутите их вместе для дополнительной защиты.

6. Повторите для других шести чакр – третьего глаза, горловой, сердечной, солнечного сплетения, сакральной и базовой.

Это завершает защиту чакр. Следующая часть защищает ауру.

7. Спросите, какого цвета энергия нужна для ауры, и с помощью намерения спустите её сверху, чтобы окружить ауру. Проверьте нужны ли другие цвета и если да, то спустите их вниз один за другим. В случае необходимости, закрутите их вместе для дополнительной защиты.

8. Спросите, если нужны дополнительные цветные энергии, когда работаете в местах с плотной энергетикой, или с энергетическими вампирами.

9. С помощью идеомоторного пальцевого сигналинга проверьте, что защита полностью завершена.

Защита от тёмной энергии является областью, которую Старейшины совершенствовали в течение последних лет. Одним из их добавлений стало использование эфирных масел, нанесение маленьких капель на три основных точки чакр, или разбрызгивание раствора масел на энергетическое поле. Масла испаряются, тем самым быстро наполняя ауру терапевта, дабы предотвратить прилипание к ней фрагментов энергии. Лучше всего использовать смесь масел, интуитивно подобранную под руководством Старейшин.[3]

• Всякий раз, когда терапевт работает с тёмной энергией, в

конце необходимо сделать последнюю идеомоторную проверку, чтобы убедиться, что личная энергетическая защита на месте.

Другой аспект защиты заключается в создании безопасного места, чтобы защитить тех, кто находится по близости:

*   Намеренно притяните энергию из вселенной, чтобы создать энергетический барьер вокруг терапевтической комнаты.

И наконец, все личные связи с теми, кто не участвует, необходимо разорвать, чтобы исключить возможность фрагментам тёмной энергии добраться до них:

*   Используйте намерение, которое может быть сделано индивидуально для каждого из тех людей, у которого с терапевтом близкие отношения, и массово для всех остальных. Запечатывание соединений с помощью красной энергии обеспечивает дополнительную защиту от энергетических фрагментов. После этого, важно не думать об этих людях до того, как очищение завершено, иначе связь может быть воссоздана.

Ещё один принцип защиты – преодоление личного страха. Необходимо особо отметить, что взывание к сотням архангелов и религиозным деятелям необязательно и может оказаться нежелательным, так как основывается на глубинных страхах, что может стать зацепкой для прикреплений духа. Как отмечалось раннее, прикрепления духа и все аспекты тёмной энергии ни что иное, как энергия Источника с отсутствием света, поэтому когда все меры осторожности приняты нет необходимости беспокоиться, выполняя такого рода работу. Это немного схоже со снятием горячей кастрюли с плиты.

# Шаг 3 – Создание Порталов и Каналов Энергетического Потока

Для этого требуется работа непосредственно с высокими энергетическими вибрациями Источника. С помощью маятника или пальца само-идеомоторного сигналинга проверьте, если у вас есть эта связь, и если нет, то обратитесь к Старейшинам с просьбой о ней. Если у вас есть личностные неразрешённые проблемы, это может оказаться невыполнимым до их полной проработки.

Я использую слово *Портал* в качестве названия энергетического канала для устранения тёмной энергии, созданного от клиента к Источнику. Когда терапевт находится в ауре клиента, Портал может быть легко создан от терапевта к Источнику. Вращение энергии через канал помогает открыть Портал и очистить его, подготовив к использованию:

**Я хочу создать Портал от меня к Источнику, и очистить его с помощью белого света.**

Я использую фразу *Энергетическая Связь* для обозначения пути привнесения новой энергии *от* энергетического источника *через* терапевта *к* клиенту. Используя чакры, терапевт выступает в качестве трансформатора для интуитивной настройки более высоких энергетических уровней до той степени, которая требуется для устранения тёмной энергии.

Первая Энергетическая Связь исходит *от* Источника. Она идёт к коронной чакре терапевта и затем *от* его сердечной чакры к клиенту.

**Я хочу создать энергетическую связь *от* Источника к**

**моей коронной чакре и *от* моего сердца *к* …. (клиенту) с целью устранить тёмную энергию.**

Естественная высокая энергия Земли случается там, где линии энергии соединяются вместе и происходит вращение энергии. Это называется *вихрем*.[4] Примерами являются Седона в США и Мачу Пикчу в Перу. Если терапевт лично посетил и испытал вихрь или другие энергетические центры Земли, это обеспечивает якорь во время создания Энергетической Связи. В качестве альтернативы, можно попросить Старейшин соединиться с энергетическим источником Земли. Эта энергия входит в базовую чакру терапевта и из его сердечной чакры к клиенту.

**Я хочу создать энергетическую связь *от* …. (вихря) к моей базовой чакре и *от* моего сердца *к* …. (клиенту) с целью устранить тёмную энергию.**

# Шаг 4 – Устранение Тёмной Энергии

Важно, какой уровень энергии используется в процессе очистки. Необходимо достаточное количество, чтобы ослабить тёмную энергию так, чтобы её можно было убрать, но слишком большое количество может ошеломить физическое тело клиента или фрагментировать тёмную энергию. В следствии того, что созданное намерение направлено на устранение тёмной энергии, используя Энергетическую Связь, этот процесс будет происходить интуитивно:

**Повысьте уровень энергии в Энергетической Связи, чтобы убрать тёмную энергию.**

Когда тёмная энергия начнёт уходить, терапевт может поддержать намерение, используя руки, *как бы* заметая её в Портал. Закручивание тёмной энергии во время того, как она движется в Портал по направлению к Источнику, способствует очистке. Иначе, какая-то часть может застрять, фрагментироваться или остаться связанной с Землёй:

**Закрутите её, направив прямо к Источнику.**

Вращение головой поможет терапевту достигнуть цели. Когда тёмная энергия заходит в Портал к Источнику, терапевт может интуитивно увидеть или ощутить её.

Иногда, понадобится дополнительная энергия. Это будет ощущаться на интуитивном уровне. Возможно, требуется вибрация более высокого уровня, и тогда можно воспользоваться Космическим Источником.

**Я хочу создать ещё одну энергетическую связь *от* Космического Источника к моей коронной чакре и *от* сердечной чакры *к* .... (клиенту) с цель устранить тёмную энергию.**

**Я хочу создать ещё одну энергетическую связь *от* .... (вихря) к моей базовой чакре и *от* сердечной чакры *к* .... (клиенту) с цель устранить тёмную энергию..**

Используйте палец идеомоторной само-проверки для подтверждения, что вся тёмная энергия была устранена.

# Шаг 5 – Завершающее Исцеление, Проверки и Закрытие

- С помощью ченнелинга пошлите энергию вселенной в ауру клиента обычным способом, как это обычно делается после освобождения духа с помощью духовного исцеления или Рейки.

- Портал и Энергетическая Связь могут быть закрыты с помощью намерения.

- Очистите интуитивную связь к Старейшинам.

- Проверьте с помощью идеомоторного сигналинга, что у терапевта нет тёмной энергии, а также у всех знакомых терапевту людей. Если есть какая-либо контаминация терапевта, её устранения описывается позднее в этой главе.

- Энергетические соединения между терапевтом и всеми знакомыми ему людьми, которые были ранее отрезаны, теперь могут быть восстановлены, а энергетическая защита вокруг комнаты снята с помощью намерения.

# Клинический Случай – Настойчивое Прикрепление Духа

У Ребекки было сложное детство. Её мама была алкоголичкой, и часто её колотила. Один раз, она держала у её горла мясную ломтерезку и грозилась её убить. Паттерн повторился с её молодым человеком, которые также был алкоголиком и наркоманом. Во время первоначальной регрессии были устранены несколько прикреплений духа, но один никак не поддавался устранению. После этого Ребекку направили ко мне. Вот её история:

Если бы не экстрасенсы и целители, я бы не узнала об Эбе. Спустя время, вся информация от людей, которые пытались помочь, стала неким списком для проставления галочек рядом с осмыслениями и повторениями, подтверждая возможную находку. Около десяти человек пытались помочь мне с Эбом. Эти люди использовали различные методы перерезания соединения такие, как визуализация наставников, ченнелинг разумных существ, исцеление звуком, шаманские практики, кристаллы, блокировки и работу со мной в трансоподобном состоянии. Во время одной из сессий с терапевтом, которая обладала особой чувствительностью, было отмечено, что Эб вышел из меня на секунду, чтобы «оценить её». Когда он двигался вокруг неё, она чувствовала его энергию, а затем он прикоснулся к её ноге. Я почувствовала в её голосе отвращение и возмущение насилием, когда она описывала, что с ней произошло.

Я стала воспринимать ситуацию серьёзно только тогда, когда пятый экстрасенс-целитель заметил Эба. Я только вернулась из Бирмы и очень плохо себя чувствовала, что сопровождалось симптомами, напоминающими малярию, но врачи не могли диагностировать проблему. Я пошла к целителю. Как и другие целители, слова, которые она мне сказала были, если не точь в точь такие же, то очень похожими, и я сказала себе, что в этом должна быть какая-то истина. Целительница сказала, что она не могла убрать Эба, так как он был сильнее неё и знания, которые привели его сюда были древними и за пределами нашего времени, поэтому она направила меня к своему учителю. Я пошла к учителю, который пытался убрать Эба, но он вернулся обратно.

Однажды, я отдыхала на своей кровати, как вдруг, я почувствовала как меня кто-то удерживает. Что-то пыталось меня задушить и я почувствовала груз, навалившийся на меня сверху. Мои глаза были закрыты и я не могла их открыть, но я не спала. Мне было трудно встать. Я слышала, как моя мачеха пела наверху. Затем это внезапно остановилось. Какое-то время спустя, я продолжала лежать на моей кровати, пребывая в состоянии шока, уставившись в потолок. Каждый раз, когда я садилась медитировать, я чувствовала, как меня душат, и я не могла дальше продолжать медитацию. Чем глубже я погружалась в мою медитацию, стараясь игнорировать удушение, которое происходило на заднем плане, тем сложнее мне было прийти в себя. Иногда мне приходилось прекращать сессию, чтобы отдышаться.

Те экстрасенсы, которые видели или чувствовали Эба, описывали тёмного доминантного мужчину в моём энергетическом поле. У него был мощный пронизывающий взгляд. В тот момент, когда они видели его, их лицо выражало тревогу, как будто они встретились со своей смертью.

Когда Энди начал свою работу, я приложила все усилия, чтобы расслабиться и погрузиться в медитативное состояние. Находясь в этом состоянии я поняла, что я могу «ощущать» как сущность, которую мы считали Эбом, передвигается в моём теле, и как он сопротивлялся уходить. Я почувствовала, как он отчаянно хватался за случайные области моего тела, как будто он пытался удержаться, зацепиться за какую-либо возможную часть. Когда я помогала его убирать, чувство было ещё сильнее. Когда Эб ушёл, я ощутила его «остатки», всё ещё прикреплённые к различным частям моей спины, которые я помогла убрать, вытолкнув его энергию наружу.

После сессии одна моя часть была рада, что Эб ушёл, а другая часть боялась, что он вернётся обратно. С тех пор я стала замечать едва уловимые изменения в моей энергии и мыслительных паттернах. Я осознала, какое большое влияние было у Эба. Энди был прав в том, что когда я «очищусь», я буду довольно быстро определять любые энергетические изменения. Вскоре после нашей сессии, сидя во время медитации молчания, я почувствовала как другая сущность вошла в моё энергетическое поле. Последовавшее изменение в моей энергии было более явным. Регрессионный терапевт устранил её на следующей сессии. У нас было с ней пару сессий, в которых мы теперь работали над проблемами текущей жизни и детскими проблемами, блоками в медитации и испытанием различных визуализаций для защиты. Я заметила огромное изменение в моей сексуальной энергии. У Эба было большое сексуальное влечение, но с тех пор, как его не стало, я могу сказать, что я более спокойна и контролирую мою беспорядочную сексуальную энергию, которая мне докучала и мучила меня.

Точная природа или источник этой «энергии Эба» менее важен, чем её глубокое воздействие, которое она оказывала на Ребекку. Идеомоторная проверка подтвердила, что её можно было рассматривать как тёмную энергию, поэтому она была устранена с помощью техник, которые уже обсуждались. Необычным аспектом очистки были судорожные подёргивание мышц и ощущения в теле, которые испытывала Ребекка и которые медленно уходили после. Идеомоторные проверки подтвердили, что фрагменты тёмной энергии оставались в её энергетическом поле, поэтому процесс был повторён до тех пор, пока они все не были устранены. Они могли быть связаны с Эбом или они могли быть из её травматического прошлого. Была необходима непрерывная регрессионная терапия, чтобы проработать все её другие проблемы.

# Устранение Тёмной Энергии у Терапевта

Конечно, весь смысл использования защиты и осторожного следования рекомендованным шагам в том, чтобы предотвратить любое контаминирование энергетического поля терапевта тёмной энергией. Но ошибки происходят, и, если какая-то тёмная энергия прикрепилась, её необходимо убрать как можно скорее. Как правило, это будут только фрагменты, поэтому упрощённую процедуру лучше проводить после того, как клиент покинет комнату:

## Шаг 1 – Разрешения и Проверки

- Очистите интуитивное соединение со Старейшинами.

- Подтвердите, что тёмная энергия или фрагменты энергии находятся в вашем энергетическом поле.

## Шаг 2 – Защитите Других

- Отрежьте и запечатайте энергетические соединения со всеми знакомыми вам людьми и установите энергетический барьер вокруг комнаты.

## Шаг 3 – Каналы Энергетического Потока

• Портал и Энергетические Связи создаются, как обсуждалось ранее, с целью устранить тёмную энергию у самих себя.

## Шаг 4 – Устранение Тёмной Энергии

• Во время того, как тёмная энергия устраняется, вы можете интуитивно ощутить необходимость подвигать руками вокруг вашей энергетической ауры, когда тёмная энергия забирается в Портал. Это поможет сфокусироваться на вашем намерении. Продолжайте увеличивать поток энергии, пока тёмная энергия не будет устранена.

## Шаг 5 – Завершающее Исцеление и Проверка

• Заключительные проверки помогут установить, была ли устранена вся тёмная энергия. Каналы для энергетического потока можно закрыть, энергетические связи со всеми знакомыми вам людьми восстановить.

# Удалённое Устранение Тёмной Энергии

Устранение тёмной энергии у клиентов можно также совершать удалённо, даже если клиент находится на другом конце земли. Однако, терапевту необходимо проявить особую осторожность, чтобы обезопасить своё энергетическое поле от контаминации фрагментами тёмной энергии. Использование масел энергетической защиты в данном случае ещё более важно.

Шаги похожи на те, что обсуждались ранее, лишь с некоторыми небольшими различиями:

- Если возможно, необходимо выбрать день и время, когда клиент один и готов к работе. Это также способствует осознанию клиентом изменений в его ауре, когда тёмная энергия будет устранена.

- Портал создаётся от удалённого клиента *к* терапевту и потом *к* Источнику. Энергетические связи – как ранее.

- При устранении тёмной энергии, терапевт также может интуитивно использовать свои руки, чтобы вытянуть энергию из клиента. Несмотря на то, что клиент находится на расстоянии, это усилит намерение терапевта.

- Потом можно написать смс, позвонить или отправить имейл, чтобы подтвердить, что работа была завершена и получить у клиента обратную связь.

# Быстрое Устранение Прикреплений Духов

Эта техника также может быть использована для устранения регулярных прикреплений духов, которые можно устранить и другими техниками, но данная просто ускоряет очищение. После того, как прикрепление духа у клиента произошло и разрешение на его устранение было получено, не разговаривая с клиентом, можно создать Портал и Энергетические Связи для его устранения. Многие проверки и энергетические защиты, используемые для работы с тёмной энергией, не нужны.

# Устранение Энергетических Блоков Клиента

Эмоциональные энергетические блоки клиентов могут быть устранены таким же образом. Необходимо создать намерение, чтобы устранить блок. Требуется только Портал и Энергетическая Связь от Источника. Снятие энергетических слоёв и помещение их в Портал для вихревого закручивания к Источнику устранит блок. Когда терапевт двигает руками, как бы дробя блок и собирая энергию в Портал, это способствует созданию намерения. Причина блока клиента всё ещё должна будет проработана с помощью регрессионной терапии.

## Резюме

Тёмная энергия является высоко заряженной энергией, которая происходит из различных источников, как изнутри, так и извне солнечной системы. Из-за того, что её устранение у клиента требует особого осознания энергии, при помощи Старейшин была создана специальная техника. Она требует от терапевта установки интуитивной энергетической связи с ними, которую необходимо очищать перед и после проделывания данной работы. Точность данной коммуникации очень важна, чтобы терапевт распознал, что вся тёмная энергия и любые её фрагменты устранены. Создание энергетической изоляции обеспечивает защиту друзей и коллег терапевта. Терапевту также необходимо дополнительная энергетическая защита, которая включает использование смеси эфирных масел.

Эта техника очищения руководствуется принципом, что энергия следует за мыслью. Тогда как обычно тёмная энергия закручивается к Источнику, необходимо проверить, является ли это правильным пунктом назначения. Уровень энергии, требуемый для смывания тёмной энергии, необходимо интуитивно установить и отрегулировать. Требуются энергетические связи от Источника и от естественных энергетических вихрей Земли. В завершении, необходимо проверить, что вся тёмная энергия была устранена и что на терапевте не осталось её фрагментов.

Удалённое устранение схоже с работой в непосредственной близости с клиентом, но Портал и Энергетические связи от терапевта к удалённому клиенту необходимо продлить. Во время данной работы необходима особая осторожность, необходимо убедиться, что все фрагменты тёмной энергии обнаруженные у терапевта устранены незамедлительно.

# Финальный Список для Проверки – Устранение Тёмной Энергии у Клиентов

## Шаг 1 – Разрешения и Проверки

- Очистите интуитивные связи со Старейшинами.
- Получите разрешение Старейшин и заручитесь их помощью для устранения тёмной энергии.
- Проверьте, является ли Источник пунктом назначения

тёмной энергии.
- Получите разрешение клиента.

## Шаг 2 – Защита Терапевта и Других

- Проверьте личную энергетическую защиту – используйте масла для защиты.
- Создайте энергетический барьер в комнате для защиты других.
- Все личностные связи с теми, кто не вовлечён, должны быть отрезаны, так чтобы предотвратить их контакт с тёмной энергией. Это может быть сделано индивидуально для тех, кто состоит в близких личностных отношениях, или массово для других. Запечатывание связей обеспечивает защиту от энергетических фрагментов.
- После того, как это было сделано, важно не думать о людях до того, пока не завершится очищение, иначе связь может быть воссоздана.

## Шаг 3 – Создание Энергетических Каналов

- Создайте энергетический Портал *от* терапевта *к* Источнику и закрутите по нему энергию.
- Создайте Энергетическую Связь *от* Источника к коронной чакре и затем *от* сердечной чакры к клиенту с целью устранить тёмную энергию.
- Создайте Энергетическую Связь *от* вихря Земли к базовой чакре и затем *от* сердечной чакры к клиенту с целью устранить тёмную энергию.

# Шаг 4 – Устранение Тёмной Энергии

- Постепенно повышайте уровень этой энергии до тех пор, пока тёмная энергия не начнёт входить в Портал.
- Если есть необходимость, создайте Энергетическую Связь к Космическому Источнику через коронную и сердечную чакры, и добавьте ещё другую, Энергетическую Связь земли, через коронную и сердечную чакры.
- Терапевт может с помощью рук приподнять тёмную энергию от клиента к Порталу и с помощью намерения закрутить энергию, чтобы направить её к Источнику. Это можно увидеть или почувствовать на интуитивном уровне. Закручивание тёмной энергии в Портале будет способствовать переходу, иначе, некоторая тёмная энергия может застрять или фрагментироваться. Впоследствии, эти фрагменты могут вернуться назад или остаться привязанными к Земному плану.
- Проверьте, что у клиента была устранена вся тёмная энергия.

# Шаг 5 – Завершающее Исцеление и Проверки

- С помощью ченнелинга привлеките исцеляющую энергию, чтобы запечатать ауру клиента.
- Портал и Энергетические Связи могут быть закрыты с помощью намерения.
- Проверьте, что у вас, а также у ваших коллег, нет тёмной энергии.
- Ранее отрезанные энергетические связи между вами и коллегами теперь могут быть восстановлены.

# Об Авторе

**Энди Томлинсон** Психолог (BSc (psy)), Дипломированный Регрессионный Терапевт (Dip RT), Дипломированный Гипнотерапевт (Dip HYP)

Энди является выпускником факультета психологии, сертифицированным психотерапевтом и регрессионным терапевтом с 1995 года. Член-основатель *Ассоциации Регрессионной Терапии Earth, Духовной Ассоциации Регрессионной Терапии и Общества Медицинского Продвижения и Исследования в области Регрессионной Терапии.* Автор книг *«Исцеление Вечной Души»* и *«Исследование Вечной Души».* Он также является главным тренером *Академии Регрессии в Прошлую Жизнь,* предоставляющую тренинги по всему миру. Для дополнительной информации посетите вебсайт: *www.regressionacademy.com.*

# Литература

1. Science News, *NASA's AURA Satellite Peers Into Earth's Ozone Hole* (2005), see website: www.sciencedaily.com/releases/2005/12/051207105911.htm.

2. Science News, *NASA Solar Storm Warning* (2006), see website: http://science.nasa.gov/science-news/science-at-nasa/2006/10mar_stormwarning.

3. Power of Light, *Divine Aspect,* available from website: www.divineaspect.com.

4. Of Spirit and Soul, *Earth Vortices, Ley Lines and Tectonic Plates*, 2004, website: http://www.ofspiritandsoul.com/earth%20vortices/vortice.html.

# 3

# Духовное Исцеление Внутреннего Ребёнка

**Хэйзел Ньютон (Hazel Newton)**

*Духовное искание для большинства людей начинается с поиска смысла.*

Мэрилин Фергюсон

## Введение

Пересмотр болезненных детских воспоминаний и ранних событий с позиции взрослого может быть невероятно трансформирующим. Теперь мы можем использовать мудрость, полученную нами из жизненного опыта и знаний, и дать возможность достичь глубокого понимания, освобождения и исцеления. Опытный терапевт может помочь пересмотреть события, казавшиеся ребёнку такими болезненными, осознать жизненные уроки, выразить глубокие внутренние истины и трансформировать застывшую энергию.

У меня есть глубокое понимание различного рода медицинских и холистических лечений и их результатов. В прошлом профессиональная медсестра, затем медицинский специалист в фармацевтической компании, сейчас я - клинический гипнотерапевт, регрессионный терапевт и практикующий терапевт регрессии в жизнь между жизнями.

Много лет, с постоянно растущим энтузиазмом, изучая и практикуя исцеление внутреннего ребёнка, я недавно очень заинтересовалась интеграцией нового духовного подхода, который помогает клиентам основательно изменить их взгляд на события их детства. В первый раз они могут осознать свою настоящую духовную природу и путешествие своей души через мириады жизней в поиске опыта и понимания самих себя.

Эта глава представит детали более традиционных, твёрдо установившихся техник исцеления внутреннего ребёнка, а так же познакомит вас с новыми духовными техниками. Несмотря на то, что основополагающую причину тревожных мыслей, негативных эмоций, болезни и дисгармонии зачастую можно отследить до определенного момента: в детстве или в прошлой жизни, все же, иногда, её трансформация возможна только через глубокое исследование сложного и неслучайного плана жизни души. Этот более духовный аспект работы с внутренним ребёнком вырос из личного опыта работы с клиентами жизни-между-жизнями, и из работ основателей с их огромным накопленным опытом, в особенности Майкла Ньютона. Он предоставляет терапевтам новый инструмент для использования вместе с традиционным подходом исцеления внутреннего ребёнка, или как самостоятельную технику.

Благодаря изучению инсайтов души, духовное исцеление внутреннего ребёнка помогает более глубоко проникнуть в понимание ранних ситуаций, что приводит к глубокому исцелению и трансформации. Я использовала эту технику как с клиентами, так и со студентами Академии Регрессии в Прошлую Жизнь, и отслеживала всевозможные многочисленные результаты трансформации.

# Фундаментальные Принципы

Что на самом деле означает определение - исцеление внутреннего ребёнка? Во время детства мы можем пережить травму – глубоко болезненный жизненный аспект и, иногда, невыносимый. В такие моменты, у психики есть различные способы защиты, чтобы помочь ребёнку выжить. Сознание может на время покинуть тело, когда оно испытывает дискомфорт или насилие, путешествуя в другие реальности – в парк, где можно поиграть, или в комнату, наполненную игрушечными мишками и куклами. Оно даже может остаться в непосредственной близости и наблюдать за причиняющим боль событием в очень диссоциативной и отстранённой форме, с позиции вне-тела, смотря на ситуацию с высоты:

> Линда регрессировала в возраст семи лет, когда родной отец сексуально её домогался. Каждый раз, когда это происходило, она оставляла тело и уходила сидеть на лестницу. Становясь взрослой, она даже стала называть себя «Лин», так как не могла или не хотела ассоциировать себя со своей младшей частью, которая в её разуме позволила насилию произойти. Таким образом, Линда, по сути, стала застрявшим внутренним ребёнком Лин.

Психика лишь защищает себя, когда отстраняется от той части, которая переживает травму. В случае события, которое происходит в детском возрасте, вероятно, ребёнок-жертва застывает во времени, в то время как оставшаяся личность продолжает расти. Иногда, эти воспоминания скрыты за уровнем осознанного восприятия. Однако, они способны на протяжении жизни подсознательно, зачастую сильным и значительными образом, влиять на взрослеющего человека. Это может проявляться по-разному:

> Убеждения маленькой Линды проявились в глубоком недоверии к мужчинам; сильное убеждение не только в том, что мужчины будут применять к ней насилие в той или иной форме, но и в том, что это единственный путь, через который она смогла бы испытать любовь. Это убеждение стало частью Лин пока она взрослела. Так как наши жизни являются отражением наших глубоких убеждений, с ними она и столкнулась в своей жизни. С ней жестоко обращались множество мужчин на протяжении её детства и раннего возраста, и она даже вышла замуж за мужчину, который насиловал её каждый день на протяжении их 25-летнего брака. История Лин будет показана позже в этой главе.

Фундаментальный принцип терапии внутреннего ребёнка - вернуться к источнику травмы, чтобы позволить клиенту воссоединиться со своим застывшим аспектом. События могут быть переосмыслены по-новому, что трансформирует старые убеждения и вытекающие из них поведенческие реакции.

Джон Брэдшоу является одним из ведущих специалистов в области психологии и восстановления, а также главным основоположником исцеления внутреннего ребёнка. Брэдшоу помог тысячам людей раскрыть тайны и травмы периода их детства. Он разработал отличные техники для исцеления и реинтеграции застрявшего потерянного ребёнка со взрослым Я. Его книга *Возвращение Домой* содержит изобилие практической информации и трансформационных техник, и я настоятельно рекомендую её совместно с его более поздними книгами.[1]

Также я внедрила в свою практику идеи, разработанные

Брэндон Бэй в её книге *«Путешествие».*[2] Она разработала выдающиеся техники для возвращения в источник травмы, чтобы отпустить и трансформировать ситуацию. Она выучила и исцелили тысячи людей посредством её всеобъемлющих книг и семинаров.

Недавно, я включила работу Дебби Форд, которая обращает внимание на стыд и субличности. Это маски, которые мы впоследствии создаём, чтобы скрыть нашу стыдливую «тень» от других и часто от самих себя. Её книга *«Тёмная Сторона Охотников за Светом»* поучительна и информативна.[3] Точно также как и *«Почему Хорошие Люди Совершают Плохие Поступки».*[4] Эти идеи можно изучить дополнительно в книге Кэролин Мисс *«Священные Контракты».*[5]

# Архетипы Внутреннего Ребёнка

Ниже приведены некоторые архетипические поведенческие паттерны, основанные на застывшем внутреннем ребёнке, которые проявляются у людей в их текущих жизнях:

- **Угодник:** Я подавляю мои чувства, чтобы всем было хорошо. Если я доставлю удовольствие людям, я им понравлюсь, и, если всем будет хорошо, они меня не отвергнут. В дальнейшей жизни, я себя не ценю. Я сделаю всё, что угодно, чтобы жить тихо и часто чувствую себя виноватым. Я могу расслабиться только, когда у всех есть всё, что они хотят.

- **Добивающийся Успеха**: Я стараюсь изо всех сил, чтобы доказать моим родителям, что я достаточно хорош, а значит достоин любви. В дальнейшем, я трудоголик и перенапрягаюсь на работе. Успех – дело жизни и смерти.

Если я не идеален, то я — неудачник и меня не будут любить.

- **Бунтарь:** Мои родители всё контролировали. Я могу привлечь внимание только, если напроказничаю или подниму шум. Это означало неприятности, но по крайней мере они обращали на меня внимание. В дальнейшем, жизни я люблю шокировать или часто злюсь. Обычно, это потому, что люди не делают то, чего я хочу.

- **Жертва**: Я привлекаю внимание, когда я плачу и говорю маме, что мне кто-то сделал больно или что я плохо себя чувствую. Если я достаточно поплачу, я получу немного любви. В дальнейшем, все вокруг меня виноваты. Я не могу взять ответственность за свою жизнь, так как если возьму, то никто обо мне не позаботится. Это всегда чья-то вина, когда в жизни что-то идёт не так.

- **Рационализатор**: Я живу в своей голове, потому что это самое безопасное место. Эмоции в моей семье были невыносимыми, поэтому безопаснее отключиться от моих эмоций. Моя семья не признаёт чувств, мне говорили, чтобы я никогда не плакал или не злился, поэтому я не знаю, как справляться с чувствами. В дальнейшем, я не могу вспомнить, когда я последний раз злился или расстраивался.

- **Спасатель**: Мои родители любили меня, когда я им угождал. Другие дети называли меня «святошей» или «маменькиным сынком». В дальнейшем, мне нравится находить жертвы, так как я могу позаботиться об их проблемах. Я спасаю людей, чтобы убедиться, что они от меня зависят, потому что так я чувствую себя нужным и что всё под контролем.

# Традиционное Исцеление Внутреннего Ребёнка

С помощью гипнотической регрессии клиент может перенестись назад во времени, в события, зачастую, не известные сознанию. Это те события из детства, которые несут ответственность за неконструктивное, дисфункциональное поведение и убеждения, которые, вполне возможно, вызывают хаос во взрослой жизни.

Встречаясь и работая с внутренним ребёнком во время регрессии в текущую жизнь, создаётся возможность для трансформации, исцеления и интеграции части клиента, которая застыла или «застряла» в результате травмы в детском возрасте или даже во время рождения. Как отмечалось ранее, этот застрявший внутренний ребёнок часто контролирует и оказывает влияние на убеждения, мысли, поведение и эмоции взрослого. Направление клиента назад в источник проблемы позволяет существенное разрешить и получить новое понимание первоначальной ситуации. Воссоединение внутреннего ребёнка с его взрослым Я становится возможным благодаря предоставлению клиенту возможности вновь исследовать событие с позиции нового восприятия.

Как только события детства, причинявшие данную проблему, были должным образом раскрыты, и мысли внутреннего ребёнка о ней осмыслены, внутри могут происходить интуитивные диалоги со всеми заинтересованным сторонами. Взрослое Я переносят назад на встречу с Я-ребёнком так, чтобы они могли с нежностью встретиться с друг другом и наделить Я-ребёнка новыми силами и качествами, помогающими распознать свой собственный потенциал. Затем, обоих инструктируют энергетически встретиться с агрессором, который часто является отцом или матерью. Внутренний ребёнок может безопасно высказать свою точку зрения относительно травматической ситуации и впервые быть услышанным агрессором, убедившись, что тот теперь полностью осознаёт то разрушительное воздействие, которое это событие(я) имели на всю их последующую жизнь. Внутренний ребёнок потом наблюдает и чувствует сдвиг, который происходит внутри агрессора, получившего новое глубокое понимание и представление относительно ситуации и её воздействия на ребёнка. Этот новый сдвиг внутри агрессора безмерно помогает внутреннему ребёнку.

В качестве альтернативы, внутреннему ребёнку можно помочь понять, что изначально повлияло на агрессора, сподвигнув его на такое поведение - возможно, это результат схожих причиняющих боль событий в его собственном детстве. Это новое осмысление всеми участниками является невероятно мощным и, часто, приводит к объятиям, слезам и выражению понимания и любви. Это знание помогает внутреннему ребёнку окончательно отпустить события, что является глубоким исцелением.

Терапевт может направить взрослого клиента передать внутреннему ребёнку полезные качества, способствующие осознанию собственного потенциала, и соединить их в своей душе: внутренняя сила, любовь к себе и уверенность в себе, вера и внутреннее спокойствие. После этого, внутренний ребёнок может спокойно взрослеть вплоть до текущего возраста клиента, создавая для него огромный сдвиг в энергии и способствуя поразительному исцелению.

# Клинический Случай – Ребёнок, Потерявший Своего Отца

Когда Роузи пришла ко мне на приём, ей шёл 41 год и она находилась в глубокой депрессии. Её брак распадался, муж оскорблял её, и она больше не любила и не уважала его. Она оставалась с ним только из-за боязни одной не справиться в жизни. У неё не было детей и она ощущала отсутствие смысла жизни.

Она оценила уровень своей тревоги как 10/10, случающейся от четырёх до пяти раз в день и длящейся около 20 минут, но иногда до часа. Также, она неохотно принимала антидепрессанты, которые, по всей видимости, совсем ей не помогали.

После интервью я без труда перенесла Роузи на несколько недель назад в недавнее событие, когда она ощущала тревогу. В офисе её босс был очень раздражительным с ней, так как она во время не предоставила ему нужную информацию. Она почувствовала себя бесполезной, некомпетентной и беспомощной, и по её щекам потекли слёзы.

Я попросила её прислушаться к своим внутренним ощущениям и перейти в гораздо более раннее событие, когда она чувствовала себя также. На счёт три она оказалась в событии, когда ей было 17 лет, и её первый молодой человек насмехался над ней за то, что она была в плохой форме и не спортивной, а также за лишний вес. Роузи сказала мне, что в то время она весила всего на несколько килограммов больше идеального веса, и не интересовалась спортом, так как увлекалась чтением и, в особенности, историей. Но его слова вонзились в неё как нож, и она почувствовала себя ничтожной, незначимой, бесполезной и беспомощной. По её щекам рекой потекли слёзы.

Я спросила её, было ли это чувство ей знакомо или это был шок (это помогает вам понять, если вы добрались до корня проблемы) и она ответила, что это было очень знакомо, поэтому я регрессировала её ещё дальше назад, в более раннее значимое событие. Она оказалась на игровой площадке в возрасте шести лет. Роузи поменяла школу и у всех ребят уже были друзья. Им доставляло огромное удовольствие насмехаться и издеваться над ней, подставляя ей подножки и говоря колкости и жестокости в её адрес. У неё совсем не было друзей и она чувствовала себя полностью изолированной, беспомощной, ничтожной, бесполезной и белой вороной. Её школьная учительница так же обращалась с ней холодно, придираясь к ней в классе, задавая ей вопросы, на которые она не могла ответить, и унижая её перед всем классом.

Я предположила, что это может быть источником, но она определила это как знакомое чувство, поэтому, я регрессировала её дальше назад. В возрасте трёх лет она обнаружила себя в ситуации, когда её мать кричала и ругалась на отца, и он спешил покинуть их дом навсегда. Роузи находилась в зале, когда ее мать стала оскорблять и обвинять её во всём, и что отец ушёл, потому что она была бесполезной, и что она хотела бы, чтобы ее, Роузи, вовсе никогда не было. Это было для неё шоком, и она застыла в тот момент, так как одна её часть поверила словам матери о том, что она была бесполезной и надоедливой. Именно в этот момент родилось убеждение и закоренилось в её подсознании.

Я попросила Маленькую Роузи подождать, мягко коснулась лба Роузи и попросила поговорить со взрослой Роузи. Я предложила Большой Роузи посадить Маленькую

Роузи к себе на колени, обнять её и утешить её так, как ей хотелось бы быть утешенной, когда она была маленькой. Я дала Большой Роузи подушку, чтобы, обняв её, она могла глубже погрузиться в это переживание. Слёзы текли и она всхлипывала в то время, как я поддерживала её в освобождении всей боли. Постепенно, всхлипывание прекратилось.

Большую Роузи попросили поговорить с Маленькой Роузи, и ей было предложено представить, как она смотрит ей в глаза и говорит, что любит её. Она выполнила это с радостью, и было приятно наблюдать за этой прекрасной сценой, как она нежно гладила Маленькую Роузи, успокаивала её и говорила ей, как она сильно её любит и будет заботиться о ней в будущем. Я заговорила с Маленькой Роузи и спросила её, чтобы она хотела услышать от Большой Роузи. Она сказала, что не понимает, почему она была виноватой во всём. Что она сделала не так?

Большая Роузи смогла рассказать Маленькой Роузи правду, так как она обладала знанием и взглядом на ситуацию взрослого человека. Она бережно и терпеливо объяснила Маленькой Роузи, что совершенно определённо это не было её виной, и что Мамочке было так больно, что она сорвалось на неё, так как та была поблизости. Также потому, что она не хотела принять тот факт, что она сама была ответственна за то, что отец Роузи от них ушёл. Для Роузи эти слова были очень утешительными, и за этим последовало ещё больше объятий.

Затем, я попросила Большую Роузи взять огромную охапку цветных воздушных шаров и сказала ей, что каждый шарик содержит в себе качество, помогающее почувствовать свою собственную силу, которое она может подарить Маленькой Роузи. Сначала, она выбрала красный шарик, наполненный смелостью. Маленькую Роузи попросили взять его и, вдохнув сущность смелости, почувствовать, как она протекает по её ногам и наверх по её телу, в предплечья, руки и голову. Она сказала, что это было чудесное ощущение, и что она уже чувствовала себя сильнее. (Красный цвет также работал энергетически. Те из вас, кто изучает цветотерапию, знают ценность каждого отдельного цвета. Мне кажется важным, что качества для своего младшего Я выбираются взрослым клиентом самостоятельно, а не навязываются терапевтом. Однако, если клиенты не уверены, можно дать им несколько полезных советов и идей.)

Затем, Большая Роузи подала ей один шарик за другим с качествами, которые ей были нужны – тёмно-розовый шарик, чтобы быть достойной любви, зелёный шарик полный любви к себе, фиолетовый шарик, наполненный способностью с лёгкостью приобретать друзей, голубой шарик, наполненный мудростью и способностью видеть полную картину, оранжевый шарик, чтобы было весело, и сиреневый шарик полный знания, что она идеальна и привлекательна такой, какая она есть. Она вдохнула и впитала в себе энергию каждого из этих качеств и сил, которые Большая Роузи сочла полезными для её роста. Я предложила последний шарик цвета радуги, который содержал в себе любое другое качество, которое когда-либо могло бы понадобиться, чтобы она могла всегда найти внутри себя то, что ей необходимо.

Маленькая Роузи сообщила, что хорошо себя чувствует и готова к интуитивной встрече со своей мамой. Используя свои новые силы, она сказала, что она очень сожалеет, что папа ушёл и что Мамочке было так больно, но она была не довольна, что Мамочка обвинила её в чём-то, что не было её виной. Слушая как Маленькая Роузи высказывает свою точку зрения, Мама опустила свою голову, стыдясь своих действий. Роузи почувствовала, что она сожалеет, и послала в её сердце искорку любви, после чего Мамочка попросила прощения и обняла Маленькую Роузи. Большая Роузи также обратилась на прямую к Маме, рассказав о том, как случившееся повлияло на её жизнь и насколько это было несправедливо. Вновь, Мама, стыдясь, повесила голову и объяснила, что она не могла представить какие далеко идущие последствия произведут её слова и действия, и стала умолять о прощении, и Большая Роузи охотно её простила. Маленькая Роузи и Мамочка также обнялись, используя подушку в качестве реквизита, что стало очень целительным для них обоих.

Когда диалог был завершён, обе Роузи помирились с Мамочкой. Затем, я попросила Большую Роузи уменьшить Маленькую Роузи до таких размеров, чтобы она умещалась на её ладони, и чтобы она смогла поместить её в своё сердце, где она теперь могла вырасти в её здоровую и полноценную интегрированную частью. После этого, Маленькую Роузи провели через годы роста вплоть до четырёх, пяти и шести лет, где её направили вновь посетить важное событие на игровой площадке новой школы. Снова, Маленькая Роузи установила контакт со своими новыми силами, и на этот раз оказалась в середине внимания, где все хотели стать её друзьями. От неё исходила другая энергетика, поэтому у детей не появилось желания над ней издеваться. Маленькая Роузи была на седьмом небе от счастья и впоследствии, оказавшись в классе, с лёгкостью отвечала на все заданные учителем вопросы, излучая уверенность и располагая к себе. Она переключалась с одной сильной стороны на другую и обнаружила, что на самом деле она была очень умна.

Я попросил Большую Роузи ощутить, как Маленькая

Роузи взрослеет с её новыми качествами. Мы остановились в возрасте 17 лет, когда её бойфренд сказал ей, что она была слишком толстая. Теперь она просто рассмеялась и сказала: «Я прекрасна такой, какая я есть. Если я тебе не нравлюсь, можешь уходить, а я найду себе более приятного молодого человека, который увидит мою неповторимость». Потом, я попросила её представить себя в гораздо более здоровых взаимоотношениях, и она осталась довольна.

Она продолжила взросление, а после перешла к более сложным событиям её брака. В каждом она трансформировала воспоминания, выражая своё собственное достоинство и игнорируя оскорбительные высказывания мужа в её адрес. В заключении, она посетила недавнее событие с её боссом, когда она не закончила задание во время. Теперь она чувствовала себя сильной и уверенной, ощущая, что босс хвалит её за её эффективность.

Опираясь на эти переживания, я перенесла Роузи на месяц в будущее, где она интуитивно ощутила своё продвижение по служебной лестнице. Затем, на шесть месяцев в будущее, где она организовала для себя незабываемый отпуск со своей лучшей подружкой. И наконец, она перенеслась на год вперёд, где она ласково принимала маму на Рождество, находясь в чудесных отношениях с мужчиной, который относился к ней с любовью, добротой и благодарностью.

Я вернула Роузи назад в настоящее и она открыла глаза. Её лицо расплылось в улыбке и неверии в произошедшее. «Ух ты!», - сказала она, - «Я уже чувствую себя настолько по-другому - настолько позитивнее, и сильнее». Мы обсудили сессию и назначили следующую встречу.

Она вернулась через месяц и результаты сессии были превосходными – уровень её тревоги был равен нулю! Она наслаждалась своей работой, перестала принимать антидепрессанты с разрешения своего врача, и приняла решение уйти от мужа. Оказалось, что они расстаются друзьями, и она радовалась своей жизни и шансу встретить кого-то, кто будет носить её на руках!

В дополнительной сессии мы работали над другой проблемой – отучить от её привычки грызть ногти. Шесть месяцев спустя я получила от неё письмо, в котором говорилось следующее:

Привет Хэйзел, я не знаю как отблагодарить тебя за сессию в начале этого года, потому что моя жизнь полностью изменилась. До сессии с тобой я была в депрессии, тревоге и не видела для себя будущего. Моя жизнь стала на 100% лучше после нашей первой встречи. Я чувствую, что я совершенно другой человек - более свободная и уверенная в себе. У меня теперь очень тёплые отношения с моей мамой – они стали намного лучше и мне теперь нравится быть с ней рядом. Я также повстречала невероятного мужчину. Он вдовец с двумя чудесными маленькими детьми, пяти и шести лет. Я на седьмом небе от счастья! Мы влюблены в друг друга, я могу обсуждать с ним свою точку зрения и он ценит меня так, как раньше меня никто не ценил! Представляешь, меня повысили, как мы тогда видели на сессии. Также, мне подняли зарплату довольно-таки на много! А ещё я нарисовала картину со всеми этими прекрасными шариками, чтобы они мне напоминали обо всех этих изменяющих жизнь качествах, которые теперь есть внутри меня.

Я не знаю, как отблагодарить тебя за чудо. Я рекомендую тебя всем моим друзьям.

На самом деле, этот клинический случай очень типичный, и у меня было много клиентов, кто пережил подобные события в детстве, которые меняют жизнь – насилие, издевательства, отказы, жестокость и тому подобное. Не все клиенты реагируют после одной сессии, некоторым требуется три и более, где необходимо работать с различными аспектами проблемы. Некоторые клиенты лучше реагируют на исцеление внутреннего ребёнка, совершаемой в совокупности с регрессией в прошлую жизнь. Корни комплекса или сложной проблемы, зачастую, лежат в неразрешённой травме прошлой жизни, которую душа перенесла в текущую жизнь, чтобы её проработать, трансформировать и освободить неразрешённые эмоции.

Исцеление внутреннего ребёнка является невероятно быстрым способом трансформации бесполезных убеждений и реинтеграции застывшего детского Я для большинства клиентов. Это даёт им крылья и возможность наслаждаться своей оставшейся жизнью.

# Духовная Точка Зрения

Самым важным аспектом нового *духовного* исцеления внутреннего ребёнка, которым я хочу с вами поделиться, является слияние традиционного подхода с осознанием настоящего предназначения души. В своих новаторских книгах *«Путешествие Души»* и *«Предназначение Души»* Майкл Ньютон описывает, как он регрессировал тысячи людей в место в духовном измерении, в котором души между каждой земной инкарнацией переходят в состояние «жизни-между-жизнями».[6,7] Это духовное измерение и есть наш настоящий дом, из которого мы опускаемся в более плотные вибрации Земли, чтобы испытать сложности человеческой жизни.

В этом состоянии между-жизнями субъекты описывают, как они исцеляются, встречаются со своими духовными наставниками, пересматривают свою прошлую жизнь, рассматривают различные опции для своей последующей жизни и получают наставления от совета Старейшин, составляя планы на выбранную ими жизнь. Их открытия на этих сессиях дают им новое духовное понимание и придают их жизням новое глубокое значение. Зачастую, это приводит к трансформационным изменениям их здоровья, поведения, отношений и убеждений.

Ньютон также описывает, что, как ни странно, душа ответственна за каждый аспект их человеческой жизни. Души выбирают жизненные уроки, через которые они хотят пройти и благодаря им вырасти. Обычно, душа разделяет общую тему со своей духовной группой, в сочетании с индивидуальными жизненными уроками, над которыми, возможно, душа работает многие жизни. Таким образом, например, душа, которая работает над контролем, может решить выбрать жизнь, в которой они чувствуют себя контролируемыми, ранее пережив жизнь, в которой они контролировали сами. Другие души выбираются или выступают волонтёрами, чтобы работать с нами и помочь нам получить желаемый опыт, одновременно в процессе выполняя свои собственные жизненные задачи; договоры, которые мы с ними заключаем, мы называем контрактами души.

Может быть очень не просто видеть боль и страдания, которые являются неотъемлемой частью большого количества жизненного опыта на Земле. Тем не менее, мы также можем понять, что каждый, кем бы он ни был, просто душа, выполняющая свой жизненный план, точно так же как актёр в фильме. Души играют все роли, чтобы исследовать все аспекты человеческой жизни с целью роста и развития. Даже особенно сложные жизни, как правило, были *выбраны* очень смелыми и опытными душами.

Эта безымянная цитата под названием *«Путешествие Души»* охватывает сущность контрактов души:

Жила-была душа и пришло её время родиться человеком, она вошла в большую пещеру в бескрайней пустоте, куда приходили все такие души. В пещере находились сотни тысяч душ, каждая воплощающаяся маленьким голубым огнём.

И душа произнесла: «На Земле я хочу выучить самые великие уроки — урок покорности, терпения во время провокации, и любви к тем, кто меня ненавидит, для этого мне нужны враги. Мне нужны люди, которые будут меня ненавидеть, издеваться надо мной и жестоко со мной обращаться. Кто сделает это для меня? Кто будем моими врагами на земле?»

В пещере воцарилась тишина, пока наконец, маленькая группа не вышла вперёд и не сказала: «Мы твоя душевная группа. Мы знали и любили тебя целую вечность, и твой рост и обучение дороги нам, как и наши собственные. Это самая деликатная и сложная из всех задач, и если требуется, чтобы ты страдал и с тобой жестоко обращались, лучше пусть это сделают любящие друзья. Мы будем твоими врагами на земле».

Значит, мы все сделали подобные соглашения с другими перед нашей текущей жизнью? Я думаю, да. Мы испытываем себя уроками и ситуациями, которые дают нашей душе возможность учиться и развиваться. Тем временем, мы также помогаем другим душам с их собственными жизненными уроками.

Давайте теперь посмотрим, как этот духовный подход

может быть интегрирован в исцеление внутреннего ребёнка.

# Клинический Случай – Ребёнок, чьи Друзья были Невидимыми

Духовное исцеление внутреннего ребёнка быстро предоставляет клиентам возможность оценить новый, более высокий взгляд на события их жизни. Во время сессии внутреннего ребёнка, пока клиент находится в глубоком гипнозе, есть возможность направить их в мир духов и обратно к переживаниям жизни между жизнями. Они могут перейти в момент, когда создавался контракт их жизни. Они могут получить представление о том, чьей идеей был контракт, и что каждый участник хотел пережить и какое знание хотел из него извлечь.

Брайану было около сорока лет, недавно он начал работать терапевтов, помимо этого, он также был талантливым ясновидящим. Он часто видел духов, когда был ребёнком, вначале не осознавая, что он отличался от других детей и его родителей. Как бы то ни было, в детстве отец изводил его и холодно к нему относился, что походило на ранние сцены из книги про Гарри Поттера. Брайану часто говорили, чтобы он заткнулся и убирался, так как его родители не понимали его, и ужасно боялись того, что он говорил, и что другие будут плохо о них думать. К нему даже послали священника для совершения экзорцизма, и он был в ужасе от оскорблений его отца. Он также не понимал и часто был очень напуган тем, чему он был свидетелем, когда духи и призраки посещали его и разговаривали с ним. Он интуитивно знал, что это было реальным, но всё ещё ему не верили и не принимали, а вместо этого насмехались над ним за то, что он говорил о своих невидимых друзьях.

Отношения с отцом были очень сложными на протяжении всей его жизни, отец редко оказывал ему внимание или выражал любовь. Для того, чтобы казаться нормальным, после окончания школы Брайан выбрал традиционную работу в городе, пряча часть себя, которая видела и общалась с духами. Он вообще был очень настроен отключить и спрятать эту часть себя из-за страха дальнейших насмешек и страданий. К тому времени, как я с ним встретилась, его отец умер, и ему давно надоело прятать себя.

Во время нашей первой сессии внутреннего ребёнка, он был проведён через множество болезненных событий к первому, которое было для него «шоком». Когда ему было шесть лет, его заперли в комнате за то, что он открыто разговаривал с духами, которые стали его друзьями. Я проинструктировала его перейти в место в мире духов, где он создавал контракт для этой жизни с его будущим отцом. Брайан оказался в прекрасной комнате, похожей на храм, с душой его отца и своим духовным наставником, с которым он много раз встречался раньше.

Я спросила его, что происходит, и он ответил, что он готовится к своей текущей жизни, в которой у него будет глубокое духовное осознание, но в которой он также хочет быть контролируемым, ограниченным и раздавленным до тех пор, пока он не найдёт в себе силы и мужество сказать свою правду. Когда он сможет это сделать, истина будет иметь важное и позитивное воздействие на многих людей. Он должен был подготовить много других аспектов его жизни для того, чтобы помочь себе достичь этой цели, но ему было необходимо, чтобы душа, которую он выбирал стать его отцом, сыграла свою роль без колебаний.

В трёх его предыдущих жизнях его убивали за то, что он говорил свою правду, поэтому это было невероятно сложно для его души. Инсайты, которые он получит через поиск себя, а также его внутренняя сила и голос, дадут возможность колоссального роста для его души. Я спросила, что происходит, и он сказал, что он был в глубоких обсуждениях со своим отцом, который говорил, что ему будет очень сложно сыграть эту жестокую роль, так как он его очень любит, и у них было множество совместных жизней, наполненных любовью. Однако, это роль отца даст ему возможность испытать себя жестоким и доминирующим обидчиком, и эта была роль, к которой, по его мнению и мнению его наставников, он был готов, и которую он, как ни странно, ждал с нетерпением, что очень похоже на то, как актёр полный решимости выбирает свою следующую трудную киношную роль.

Я спросил Брайана о его теперешних чувствах, и он ответил, что он чувствует такую безусловную любовь и благодарность к своему отцу - к человеку, которого он боялся в настоящей жизни. Затем, они обняли друг друга, используя подушку в качестве реквизита, что ещё более усилило переживание и эмоции. Его переполнило чувство прощения, когда он обнимал своего отца, и заплакав сказал, что теперь он понимает истину их взаимоотношений. Во время этих объятий его отец сказал, что он очень сожалеет за все жестокости и насилие, и что это была самая сложная жизнь, которую он когда-либо испытывал.

Произошедший между ними диалог был прекрасным, наполненный любовью и взаимопониманием. В этот особенный момент Брайан осознал, что нёс полную ответственность за свою жизнь и выбранные им уроки, а также за тот высший смысл, который они несли. Он также осознал, что его отец безусловно и вечно его любил. Его отец, действительно, очень сожалел, но он играл ключевую и важную роль в истории его текущей жизни.

Я попросила Брайана вернуться и вновь пройти через события своего детства с этим новым понимаем и взглядом, основываясь на только что полученных знаниях. Мы посетили пять событий, которые изначально причиняли ему боль, однако на этот раз он был в состоянии улыбаться и наблюдать, как его отец довольно таки хорошо играл предписанную ему роль. Поскольку он наблюдал за этими событиями с более глубоким пониманием, он чувствовал себя сильнее, мудрее и был в курсе полной картины, спокойно и сознательно справляясь с каждым из них. Когда он дошёл до своего настоящего возраста, он описал, что чувствует себя свободнее, легче, счастливее и спокойнее, как будто он наконец был в состоянии продолжить свою жизненную цель помогать другим, при этом уверенно говоря свою истину.

После этой сессии Брайан стал появляться на публике, обсуждая свой жизненный путь и проводя ченнелинг мудрых и любящих духовных наставников, с которыми он работает, чтобы помочь людям понять, кто они есть на самом деле как души. Он стал соавтором книги, в которой была описана его жизненная история, и впервые в своей жизни он принял себя как духовное создание с миссией, не только понять свою собственную настоящую природу, но и помочь другим понять, кто они есть на самом деле. Отзыв от Брайана был таков:

Сессия внутреннего ребёнка изменила меня так, как я не считал возможным. Взгляд души и инсайты о сложностях, с которыми я встретился в детстве, оказали на меня глубокое и непосредственное влияние. Я осознал отвагу как души, которая взяла на себя эту роль, и потом вновь как ребёнка, что намного перевесило любую отвагу, которая мне нужна была теперь, чтобы интегрировать ту спрятанную часть меня обратно в свою жизнь. Я также понял, что я делал это не только для себя, но и для многих других людей. Я бы только сделал себе хуже, если бы удерживал необходимость оставаться анонимным, что теперь в любом случае кажется нелепым.

После сессии моя жизнь изменилась чудесным образом, что я с трудом мог бы себе представить раньше. Теперь больше нет ограничений и границ, и я чувствую себя благодарным за ту жизнь, которую я выбрал. Я не думал, что когда-либо это скажу!

Трансформация Брайана была быстрой и инсайты одной сессии изменили жизнь. Однако, как уже отмечалось ранее, некоторым клиентам может потребоваться несколько сессий, исходя из особенностей их личностной ситуации. Клиентка Лин, которую изнасиловали и о которой я упоминала ранее, хороший тому пример:

Мы встречались с Лин на протяжении многих сессий, так как боль от насилия длиной в жизнь оставила глубокую рану. Она приняла на себя роль жертвы до такой степени, что не знала, как может быть по-другому.

Когда я впервые заговорила с её застрявшей Маленькой Линдой я обнаружила очень стремящуюся угодить, дружелюбную и разговорчивую девочку, которая отчаянно нуждалась в любви и внимании, которую бросили, с которой пренебрежительно и жестоко обращались, но она все ещё пыталась сделать всё, что в её силах, чтобы угодить окружающим, в том числе, позволяя своим любимым издеваться над ней, что давало ей ту осознанную любовь, которую она искала. Боль, которую пережила Маленькая Линда была огромной, но всё же её дух был живым и очаровательным.

Когда я изначально спросила Большую Линду, Лин, хочет ли она обнять Маленькую Линду, и предложила ей небольшую подушку, она швырнула её через всю комнату и закричала. Она была в ярости за то, что Маленькая Линда позволила насилию произойти. Ей потребовалось несколько сессий, чтобы увидеть настоящую красоту и невинность Маленькой Линды, и полностью осознать безвыходность ситуации, в которой она оказалась. Простить своё маленькое Я было жизненно необходимо для неё, и затем использовать придающие силы техники, которые я обсуждала ранее, с использованием воздушных шариков и новых качеств, и, в конечном итоге, полностью её интегрировать.

Но больше всего ей помогло узнать, что она, как ни странно, сама выбрала своих родителей, усыновителей и приёмных родителей, своих насильников и своего мужа, а также свои жизненный уроки и жизненный план для того, чтобы её душа таким образом испытала человеческую природу.

Вот что сказала Лин после своей терапии: «До сессий с тобой я была мертва, теперь я живая. Прошлое наконец-то отпустило и я теперь надеюсь и радуюсь тому, что в будущем смогу помочь многим другим, кто пережил насилие, рассказывая мою историю и то, как я вернулась к жизни благодаря гипнотерапии и тебе».

# Техники для Духовного Исцеления Внутреннего Ребёнка

Духовное исцеление внутреннего ребёнка состоит их трёх-ступенчатого подхода. Однако, важно не забывать, что каждый человек индивидуален, поэтому, возможно, будет необходимо поменять очерёдность действий в каждом шаге. Самое главное - следовать собственной интуиции и работать от сердца.

## Шаг 1 – Регрессируйте к Источнику

Первым важным шагом к трансформации проблемы или комплекса является нахождения корня или источника проблемы, который часто называют начальным сенсибилизирующим случаем (НСЧ). Если мы добираемся до корня проблемы и трансформируем его, мы навсегда предотвращаем возвращение проблемы, в то время как, если мы добираемся лишь до ствола или веток, то корни останутся.

- Перенесите клиента назад в значимое событие их детства или внутри матки и исследуйте ситуацию, в которой они оказались. Я, обычно, используя аффективный мост, который означает усиление текущих болезненных чувств или страхов. Попросите их усиливать эти чувства пока вы считает до десяти до тех пор, пока они не станут настолько сильными, что они с трудом могут их выдерживать, затем направьте их к их источнику командой, считая **1... 2... 3... сейчас!**.

- Где бы они ни оказались, узнайте сколько им лет и разговаривайте с ними соответственно. Если им пfive лет, разговаривайте с ними как вы бы разговаривали с пятилетним.

- Возможно, вам придётся посетить несколько значимых событий на пути к реальному источнику их проблемы.

- Попросите клиента: **Перейдите в то время, когда вы впервые себя так почувствовали.** Тем не менее, вам придётся определить находятся они в реальном источнике события или нет. После собрания информации о месте действия, спросите: **Это вам знакомо или это шок?** Если знакомо, вам будет необходимо углубиться дальше, чтобы достичь источника. Не забывайте делать записи всей информации, собранной в каждом событии, так как она будет полезной во время трансформации.

- Если эмоция является для клиента шоком, скорее всего вы дошли до источника. Когда это будет установлено, вы можете подтвердить это идеомоторным сигналингом (для этого необходимо установить с высшим разумом ответы «да» и «нет»). Затем соберите всю информации о ситуации, в которой они оказались, включая любых других участников, что они слышат, как они себя чувствуют и так далее. Позвольте клиенту осознать, что он отождествляет себя с ребёнком, а также с чувствами и убеждениями, возникшими у них в то время. Среди них могут быть: «Меня не любят», «Я никому не нужен» или «Я никогда не буду достаточно хорошим».

# Шаг 2 – Трансформация

Трансформационный шаг направлен на получение нового понимания. К нему требуется интуитивный подход, так как каждый клиент и каждая проблема индивидуальны, некоторые из приведённых техник будут нужны, а некоторые нет. Нет никакого особенного порядка, просто настройтесь на клиента и работайте с тем, что по вашим ощущениям является правильным. Ознакомьтесь со всеми инструментами на этом этапе, чтобы при необходимости вы могли все их использовать.

## *Встреча Внутреннего Ребёнка*

- Попросите клиента отстраниться от ситуации на некоторое время и вернуться в настоящий день. Объясните, что когда вы прикоснётесь к их лбу, вы будете переключаться от их «маленького Я» к «взрослому Я».

- Сообщите взрослому клиенту, что сейчас вы вернётесь в событие, которое вы только что посетили, и что теперь они окажутся там со своим маленьким Я в тот момент, когда происходит событие. Сосчитайте **1... 2 ... 3 ... сейчас**!

- Попросите взрослое Я установить контакт с маленьким Я. Например, скажите: **«Посмотрите в его (её) глаза»** или **«Обнимите его (её)»** или **«Посадите его (её) себе на колени»**. Используйте маленькую подушку в качестве реквизита, чтобы ребёнка можно было обнять.

- Попросите взрослое Я посмотреть в глаза маленького Я, и посмотрите можете ли вы помочь им увидеть, насколько они невинны, очаровательны, особенны и привлекательны такие, какие они есть. Это может вызвать сильные эмоции, поэтому позвольте клиенту поплакать. Может, вам придётся быть креативными с некоторыми клиентами, чтобы дойти до этой точки —

например, попросите их обменяться любовью со своим маленьким Я и почувствовать возвращающуюся к ним безусловную любовь. Но никогда не заставляйте их делать это – для этого может потребоваться несколько сессий.

- Следующим шагом, скажите взрослому Я, что у них есть целая охапка воздушных шариков, и что каждый шарик олицетворяет собой качество, которое они хотели бы видеть у своего маленького Я – обычно, это те качества, о которых они мечтали, когда были младше. Важно, чтобы клиент сам выбирал свои собственные качества для своего внутреннего ребёнка, поэтому не предвосхищайте их, по крайней-мере, изначально. При необходимости, вы можете предложить несколько своих чуть позже.

- Начните с того, чтобы они определили первое качество и цвет шарика, например, красный шарик наполненный смелостью. Посоветуйте им передать этот шарик себе маленькому. Прикоснитесь к лбу, чтобы переключиться к маленькому Я, и дайте им вдохнуть красную энергию из шарика и почувствовать, как новая сильная энергия смелости течёт по их телу. Дайте им по-настоящему ощутить, каково это быть, наполненным смелостью.

- Повторите с другими шариками. Широко распространёнными качествами являются сила, любовь/уважение к себе и чувство собственного достоинства, способность говорить нет и способность понимать и прощать. Когда им станет больше нечего добавить, проверьте, чтобы были даны все основные качества.

- Последняя возможность – предложить шарик цвета радуги, или в качестве подарка – плащ всех цветов радуги, в котором есть все качества, которые им когда-либо понадобятся. Когда маленькое Я впитало эту энергию, напомните им, что теперь у них в самих себе есть всё, что им когда-либо может понадобиться.

• Напомните им о каждом данном им качестве и попросите их теперь почувствовать разницу, когда это стало их неотъемлемой частью. Объясните, что эти качества будут с ними всегда.

## Встреча с Агрессором(ами)

• Проинструктируйте клиента поместить своё взрослое и маленькое Я в безопасное место, например, в парк, вокруг походного костра или на красивый пляж. Взрослый может держать себя маленького за руку, или можно призвать дополнительную силу в форме тотемного животного или духовного наставника, чтобы у маленького Я была вся поддержка, которая ему необходима для разговора с агрессором(ами). Зачастую, ими будут их мама или папа.

• Попросите маленького Я сказать то, что они не имели возможности сказать в то время. Лучше, если маленькое Я будет использовать в разговоре настоящее время для ассоциации с опытом. Также, попросите ответа у агрессора. Можно вдохновить маленькое Я восстановить свою личную силу, проектируя все свои болезненные чувства на агрессора, чтобы он мог по-настоящему ощутить их. Это очень мощная практика и, часто, агрессоры падают на колени от стыда за то, что они совершили, моля о прощении

• Маленькому Я можно посоветовать визуализировать, как он/она посылает искорку любви агрессору. Я рекомендую помещать её прямо в сердце, что является символом их собственного прощения и способностью отпустить прошлые убеждения и чувства, в то время, как акт получения любви помогает энергии души агрессора.

- Попросите их взрослое Я поговорить с маленьким Я и рассказать ему правду о ситуации. Варианты будут различны, но, в целом, постарайтесь направить их так, чтобы они увидели истинную правду о событии. Например, если родители кричали, взрослое Я может убедить их, что это не их вина, и что это нормально, что у взрослых есть свои собственные проблемы и они могут кричать друг на друга.

- Поощрите взрослого успокоить себя маленького с помощью многочисленных объятий и любви, где это уместно. Возможно, вам придётся подключить здесь свою креативность и силу убеждения. Вновь, это может быть очень эмоциональным. Предоставьте время, чтобы все эмоции улеглись.

- Убедитесь, что слова прощения и любви были провозглашены и приняты прежде чем двигаться дальше. Удостоверьтесь, что они готовы отпустить агрессора.

## Встреча с Агрессором(ами) в Раннем Возрасте

- Иногда, необходима вариация для разного рода разговора с агрессором. В этом случае, можно проинструктировать маленькое Я представить, что агрессор того же возраста, что и он сам.

- Зачастую, они видят, что маленькие мама/папа также были несчастны, с ними плохо обращались или они боялись своих собственных родителей. Возможно, они страдают и чувствуют ту же боль. Это может быть очень целительным, когда они ощущают новый уровень взаимоотношений.

## Чему Они Научились?

* Когда они осознали причины произошедшего и увидели более широкую картину, спросите их, чему они научились благодаря этой ситуации. Какую пользу они извлекли из своего опыта? Часто, они говорят: «Я стал более хорошим родителем благодаря тому, что я испытал».

## Отрезание Связей

* Отрезание энергетических связей является полезным способом завершения. Оно придаёт клиенту сил и позволяет вернуть себе энергетические фрагменты.

* Попросите маленькое Я увидеть серебряный канат между собой и агрессором. Проинструктируйте их отправить всю удерживаемую ими энергию, которая им не принадлежит. Попросите их проследить, как она путешествует по канату назад, туда где ей место. Затем, скажите им забрать любую удерживаемую другими энергию, которая принадлежит им. Снова, они должны наблюдать, как она вся возвращается, и забрать её обратно в своё энергетическое поле. Спросите, какие у них ощущения, когда она вся благополучно вернулась обратно.

* Попросите их отрезать связь(канат). Я предлагаю им использовать кристальные ножницы, и затем запечатать

каждый конец с помощью выбранного ими цвета. Все выбранные цвета будут обладать энергетическим резонансом и своим особенным целительным свойством.

## *Контракты Души*

- Проинструктируйте своего клиента перейти в место в мире духов, где они создавали свой контракт с душой агрессора до своего рождения. Их духовный наставник может их сопровождать.

- Попросите их исследовать созданный совместно контракт, и помогите им начать диалог. Спросите, с какими уроками согласился им помочь агрессор. Это может пролить свет и моментально сформировать совершенно новый взгляд на их отношения.

- Также спросите, **были ли у них другие совместные жизни?** Если да, **то какие роли они играли?**

- Дайте им осознать состояние безусловной любви с агрессором в духовных сферах.

- Спросите, что они оба чувствуют по отношению к этой жизни и к тем сложностям, на которые они согласились.

## *Посещение Другой Прошлой Жизни*

- Вы может перенести клиента посетить другую прошлую жизнь в качестве позитивного ресурса. Просто мельком взглянуть на некоторые очень позитивные сцены прошлой жизни часто является невероятно целительным и создаёт ещё одно изменение в восприятии.

- Обычно, бывает весьма полезным перенести их в

прошлую жизнь, в которой они родились, полностью окруженными любовью. Позвольте им, действительно ощутить себя любимыми, желанными, принятыми или любое необходимое чувство.

• Заякорите их к этим чувствам и проинструктируйте их взять с собой позитивные и полезные ресурсы из другой жизни, чтобы они могли интегрировать их в свою текущую жизнь.

# Шаг 3 – Интеграция

Когда трансформация взгляда клиента на изначальное событие произошла, необходимо интегрировать новую информацию и переживания для того, чтобы произошло полное и стойкое исцеление.

## *Рост Внутреннего Ребёнка*

• Попросите взрослое Я представить, как их маленькое Я уменьшилось, поместившись на их ладони. Затем, проинструктируйте их поднести свое маленькое Я к сердцу и поместить их внутреннего ребёнка внутрь сердца, ощущая его, окружённым любовью и заботой. В этот момент могут появиться дополнительные эмоции, и вновь позволите им освободиться от них.

• Попросите их почувствовать, увидеть, или представить, как ребёнок растёт до тех пор, пока не достигнет их текущего возраста. Останавливайтесь на любых травматических событиях детства или подросткового возраста, которые были выявлены во время сессии или интервью. Позвольте клиенту переформатировать их, используя новые имеющиеся у них качества и взгляды. Понаблюдайте, насколько по-другому теперь себя ведёт внутренний ребёнок, и абсолютно свободно переживает события.

- Сосчитайте непосредственно от возраста ребёнка или младенца до их текущего возраста. Если вы не уверены, остановитесь на возрасте немного младше, чем, вам кажется, их реальный возраст и скажите: «**Теперь вырастите до вашего текущего возраста ... всё верно, теперь вы полностью сравнялись с вашим возрастом ... полностью интегрированы, теперь вы забираете с собой, взрослым, все эти позитивные качества!**»

## *Присоединение к Будущему*

- Перенесите клиента вперёд в будущее, используя имеющиеся у них теперь качества. Добавьте некоторые позитивные гипнотические установки, основанные на новых качествах из воздушных шаров, их новые понимания и так далее. Перенесите их вперёд, когда они наблюдают, как они себя ведут с новой позиции, дающей им силу.

- Вы можете перейти на шесть месяцев, на год и три года вперёд, или в любое время в будущем, которое вы считает соответствующим. Позвольте клиенту вести себя более позитивно, абсолютно свободным от имеющихся у него ранее проблем и эмоций.

- Возможно, завершите, попросив их перейти в особенное место и поощрите их ощутить позитивные чувства совершенной любви и приятия внутри самих себя.

# Исцеление Внутреннего Младенца

- Если источник событий произошёл внутри матки, процесс немного отличается. Время, проведённое в матке – распространённый источник проблем, так как младенцы схватывают эмоции своих матери и отца, и могут очень хорошо осознавать, что они не желанны. Также, через сознание души, они могут услышать все разговоры и споры. Это может вызвать глубокую тревогу, так как душа полностью соединяется с реальностью выбранных жизненных уроков и предстоящими трудностями жизни.

- Проведите их через рождение и соберите информацию. Первая встреча с матерью и отцом может оказаться для малыша очень печальной и эмоциональной.

- Заставьте их посмотреть в глаза каждому из родителей и увидеть вовлечённые эмоции – часто, страх, тревога или другая негативная эмоция. Затем, попросите их обратить внимание на то, когда эти эмоции сформировалась в каждом из родителей.

- Как описано ранее, попросите их визуализировать родителя, когда они были ребёнком, и попросите их осознать страдание, через которое они тоже прошли. Если есть необходимость, пройдите назад через поколения. Помогите им представить, как они раздают исцеляющие искры света или любви.

- Теперь, вернитесь обратно в матку и попросите взрослое Я поговорить с собой-малышом, и напомнить ему, что он идеален и любим, и что взрослый будет там встречать его, когда он родится.

- Направьте малыша через рождение. Симулируйте это с помощью психодрамы, путём помещения Я-младенца в позу рождения и используя одеяло так, чтобы они могли протолкнуться через родовой канал. На этот раз их взрослое Я находится там, чтобы встретить их, когда они появятся, и взять себя-малыша на руки, используя подушку. Подтолкните взрослое-Я ласково поговорить с малышом и сказать ему ровно то, что ему необходимо услышать. Это придёт из глубины клиента – они инстинктивно знают именно то, что им нужно.

- Поощрите их выразить свою любовь и глубоко посмотреть в глаза малыша, чтобы увидеть их истинную природу, их настоящую душу, безусловную любовь, совершенство и чистоту.

- Здесь можно использовать другие техники, которые обсуждались ранее, включая диалог со взрослыми матерью и отцом, воздушные шары, контракты души и так далее.

# Заключение

Исходную причину навязчивых мыслей, негативных эмоций, болезни и дисгармонии часто можно отследить от момента в детстве и, с помощью более глубокого изучения, до сложного и тщательно спланированного душой плана жизни.

Описанные здесь, исцеляющие техники внутреннего ребёнка были выстроены на основе работ ведущих основоположников, включая Джона Брэдшоу и Брэндона Бэя. Однако, дополнительное осознание контракта души раскрывает глаза клиента на более высокую перспективу его жизни и роли, которые играют все действующие лица. Многие удивлялись, что это похоже будто ты актёр в спектакле или в фильме, выбирающий на пробах другие души на разные роли, и создающий план игры, чтобы помочь в продвижении карьеры своей души. Похожие сценарии произошли со многими моими клиентами, которые внезапно осознавали, что их драматичная и, зачастую, болезненная история жизни была в действительности срежиссирована ими самими, и что их отец, мать, брат или сестра были частью контракта, за который они оба несли полную ответственность.

Это более глубокое понимание духовного смысла взаимоотношений в наших жизнях может освободить нас, давая нам возможность понять и простить всех, кто когда-либо каким-либо образом бросал нам вызов. Это выстраивает дорогу к состоянию безусловной любви для всех людей в нашей жизни. Это новая перспектива смысла жизни и путешествия души может быть также применена ко всем происходящим в настоящее время ситуациям и отношениям. Беря ответственность за выбор, который мы сделали на уровне души, мы можем освободиться от чувства собственной жертвенности и шагнуть в истинность нашей собственной силы. Между тем, глубокое чувство безусловной любви создаёт в нашем теле состояние гармонии, внутреннего спокойствия и оптимального здоровья. Наша иммунная система сильнее, наши отношения счастливее и мы можем применять эту духовную мудрость ко всем нашим будущим встречам.

Я работала с Роузи до того, как разработала духовный аспект исцеления внутреннего ребёнка, но если бы я привела её в место, где она создавала свои душевные контракты, что вы думаете мы бы там нашли? Что она должна была здесь испытать и преодолеть, и кем были эти души, которые собирались помочь ей выучить уроки, которые она выбрала на время этой текущей жизни? Следовало ли нам вообще использовать с ней эту новую технику? Необязательно, потому что, на самом деле, она получила глубокое и сильное исцеление и трансформацию, просто используя традиционные техники исцеления внутреннего ребёнка. Тем не менее, с некоторыми клиентами это может быть очень ценным дополнительным инструментом.

Клиент может узнать, что жизнь, когда-то воспринимаемая через призму жертвы, на самом деле, является жизнью целеустремлённой и смелой души, которая берёт на себя огромные трудности. Это знание очень помогает распознать собственный потенциал, а волновой эффект через все аспекты жизни клиента может быть бесконечно трансформирующим.

# Об Авторе

**Хэйзел Ньютон (Hazel Newton)** Dip HYP, Dip RT, Ct LBL, RGN

Хэйзел – в прошлом профессиональная медсестра и клинический специалист в фармацевтической индустрии. Она теперь живёт в Бристоле и работает клиническим гипнотерапевтом, регрессионным терапевтом, терапевтом между жизнями. Смысл и страсть её жизни - помочь другим узнать о путешествии их души, и правду о том, кто они на самом деле и почему они выбрали инкарнацию, особенно, в это особенное время в нашей истории. Дополнительную информацию вы можете найти на её вебсайте: *www.radiantsouls.co.uk* или напишите по электронной почте: *hypnoticchanges@yahoo.co.uk.*

# Литература

1. Брэдшоу Джон (Bradshaw, J.), *Возвращение Домой: Поиск*

*и Реабилитация Вашего Внутреннего Ребёнка*, Piatkus, 1991.
2. Бэйс Б. (Bays, B.), *Путешествие*, Thorsons, 1999.
3. Форд Д. (Ford, D.), *Тёмная Сторона Охотников за Светом*, Hodder and Stoughton 1998.
4. Форд Д. (Ford, D.), *Почему Хорошие Люди Совершают Плохие Поступки*, Harper Collins 2008.
5. Мисс К. (Myss, C.), *Священные Соглашения,* Bantam Books, 2002.
6. Ньютон М. (Newton, M.), *Путешествие Души*, Llewellyn, 1994.
7. Ньютон М. (Newton, M.), *Предназначение Души*, Llewellyn, 2000.

# 4

# Регрессионная Терапия в Медицинской Практике

**Питер Мак (Peter Mack)**

*Ты время сам творишь,*
*чувства твои – есть время твоё.*

Ангелус Силезиус, Немецкий мистик, 17ый век

## Введение

Я обожаю изучение медицинской науки и наслаждаюсь каждым аспектом хирургического ремесла, которому я обучался. Моя страсть к изучению и исследованию привела меня к получению докторской степени по медицине в 1988, и впоследствии в течение нескольких лет я продолжал исследовательскую деятельность. Всё же, глубоко внутри, я чувствовал сильное стремление искать знания иными способами, включая эмпирический подход и наблюдение.

Целительство является древней практикой, которую можно найти во всех человеческих культурах, и у всех культур есть развитые методы, направленные на восстановление физического здоровья, защиту эмоциональной целостности и достижения духовного спокойствия. Традиционно, концепция целительства включала группу техник, которая делала человека здоровым, путём нейтрализации расстройства в его теле, разуме и духе. Со временем, техники современной медицины отклонили свой фокус на науку о человеческом теле и восстановление баланса, в результате, здоровье разума и духа отошло на задний план. Однако, по моему мнению, регрессионная терапия могла бы исправить эту ошибку, благодаря своей холистической природе.

Способность хронологически передвигать сознание взрослых пациентов назад в их детство, чтобы получить доступ к более ранним воспоминаниям, было известно медицинскому сообществу со времени моего обучения в медицинской школе. Я вспомнил, как я впервые наблюдал за яркой картиной гипнотического процесса возрастной регрессии, будучи студентом в 1972 году. В то время, стоматологи активно интересовались гипнозом в силу его потенциала устранять боль. Вечерний семинар проводил стоматологический гипнотерапевт из Великобритании. Он привёл с собой свою пациентку, девочку-подростка, которая согласилась быть волонтёром для демонстрации. Я был впечатлён, насколько быстро она погрузилась в состояние гипноза, за считаные секунды с начала индукции. Под руководством гипнотизёра, она регрессировала назад во время её обучения в начальной школе. В изумлении я наблюдал, как изменился тон её голоса и стал в большей степени детским, в то время как она погружалась в воспоминания прошлого, согласно указаниям терапевта.

Механизм связи разума и тела интригует и, возможно, кажется мистическим для многих людей. Долгое время разум и тело относили к разным сферам. Тогда как, как терапевты успешно лечили физиологию тела, считалось, что проблемы, касающиеся разума, относятся к сфере психологов и психиатров. Интегрирование регрессионной терапии в медицину, как метод лечения, было медленным и, пожалуй, до последнего времени еретическим.

Концепция «целительства» в современной медицине прочно базируется на науке и её ориентация, по большей степени, физическая. Внимание в значительной степени было направлено на биологию повреждения ткани, восстановление и регенерацию. Эмоциональные расстройства, связанные с ослабленным здоровьем, автоматически переводились в сферу психиатрии. Путешествия в зону подсознания, как правило, не одобрялись, поскольку существовала опасность в вероятном открытии эзотеризма, мира, лежащего за пределами того, что могла адекватно объяснить научная доктрина. Однако, медицина не была закрыта к холистической парадигме целительства. Преодоление болезни, путём охватывания всех техник, нейтрализующих недомогание в теле, разуме и духе, звучало привлекательно, хотя и далеко от ожиданий медицинской науки. Основное нежелание принять холистические техники обуславливалось свойственной медицинским работникам манерой требовать доказательства их эффективности – доказательства, которое бы соответствовало устойчивости научного подхода.

## Моё Путешествие

Прошло ровно три года с моего первого знакомства с процессом гипнотической регрессии, после которой я стал останавливаться и заглядывать в «зеркало заднего вида», чтобы увидеть полную картину медицинского прогресса в предыдущих декадах. В этом зеркале времени я увидел много событий. Это включало в себя определение последовательности человеческого генома, взрывной прогресс медицинских технологий рентгенографии, рост трансплантации печени и ужасающая эпидемия ТОРС (Тяжелый острый респираторный синдром (Severe Acute Respiratory Syndrome, SARS) — термин, предложенный ВОЗ, вместо принятого ранее — «атипичная пневмония» *прим. преревод.*), которая застигла врасплох всемирное медицинское сообщество. Я вспомнил, как, будучи практикующим врачом, дважды вставал на карантин во время эпидемии, поскольку смертельный вирус ТОРС забрал жизнь приятеля - коллеги во время исполнения профессиональных обязанностей. После этого, я стал по другому смотреть на жизнь, болезнь и терапию. Это было, как будто бы, я достиг переломного момента в моей жизни и хотел сделать что-то иначе. Я почувствовал непреодолимое желание и прошёл курс целительства Рейки. Это было вопреки моему профессиональному сознанию, поскольку «энергетическая медицина» была мало признана в традиционной медицине. Глубоко внутри началось путешествие.

Однажды, в мой кабинет въехал семидесятилетний пациент на инвалидной коляске, его лицо выражало грусть. Год назад я удалил из его желудка мышечную опухоль, и он вернулся на плановую проверку. Сам он бывший врач на пенсии. Во время восстановления после операции, его, к несчастью, поразила болезнь Паркинсона, дегенеративное заболевание нервной системы, которая ограничила его движения и речь. Несмотря на то, что он принимал лекарства, его состояние ухудшилось и со временем он уже не мог передвигаться без инвалидной коляски. Меня тронул вид его ослабленного состояния. Я инстинктивно встал со стула, встал позади него и положил свои ладони ему на плечи. Это был незабываемый момент. Спустя пол минуты он отчётливо почувствовал подъём восстанавливающей энергии и восторженно воскликнул. Энергия протекла вниз в его грудь и туловище, и он тут же почувствовал заряд новой энергии.

В другой раз, привлекательная молодая женщина около тридцати, хромая от боли, зашла в мой кабинет в клинике. Мой коллега-ортопед, у которого она наблюдалась с дегенеративным заболеванием в поясничном отделе, посоветовал ей у меня проконсультироваться. Она работала стюардессой в авиакомпании. Однажды во время полёта, она наклонилась, чтобы поднять какой-то упавший предмет и ее коллега случайно врезался в неё тележкой с едой. МРТ показал выступающие межпозвоночные диски, но ей посоветовали не делать операция из-за её сравнительно молодого возраста. Со временем её боль в пояснице распространилась вправо в низ живота, и было необходимо моё мнение. Когда она устроилась на кушетке и я стал пальпировать её живот, её лицо внезапно засияло:

А, Доктор, мне кажется я знаю… вы мне передаёте какую-то целительную энергию. Я чувствую, как она протекает вниз по моей правой ноге и отталкивается от моей стопы.

Она призналась, что была знакома с энергией Рейки ранее через другого терапевта, и поэтому сразу же её распознала. Предыдущий опыт создал мысленный сценарий того, как ощущается энергия, и она незамедлительно позитивно соединила два опыта. Затем она спросила, может ли она ещё раз прийти на лечение Рейки в будущем. С этого момента, мой взгляд на лечение поменялся навсегда.

# Холистическое Лечение

Прошли годы. Я почувствовал постепенный интеллектуальный сдвиг в понятиях о причине болезни и лечении. Связь между телом и разумом кажется стала получать повышенное признание и обращала больше внимания на те человеческие проблемы, которые могли быть описаны только через комбинацию физиологического языка чувств и намерений с физиологическим языком органов и клеток. С этим пришло более глубокое осознание симптомов, связанных с психологическими и социальными проблемами, которые скрывались под заболеваниями. К сожалению, концепция психосоматической медицины продолжала бороться с превалирующим потоком достижений медицины, в которой приветствовались постоянное усовершенствование фармакотерапии и оперативного лечения. Роль подсознания в жалобах физиологического характера оставалась незаметной. К настоящему моменту, не существует ни одной медицинской теории, которая бы могла использоваться врачами, работающих терапевтически с проблемами разума и тела. Тем не менее, все согласились, что стресс может быть основным источником определённых заболеваний.

Стресс всегда был очень сложной концепцией для определения. Мы знали, что он происходил вследствие быстрых и внезапных изменений в основных системах жизни людей, особенно, если изменения имели значительные последствия для самоощущения. Однако, было трудно правильно определить конструкцию стресса в контексте терапии, так как его воздействие на здоровье человека было больше основано на личных реакциях, чем на внешних обстоятельствах. Главным в реакции стресса было восприятие пациентов самих себя по отношению к их обстоятельствам. Когда оценка внешних требований превышала их осознаваемую способность удовлетворить своим физическим, личным и социальным нуждам, то манера их адаптации становилась неадекватной, результатом чего был стресс.

На занятиях в клинике со студентами, я стал всё чаще использовать примеры пациентов, в которых негативное психическое состояние человека значительно подрывало иммунный статус организма, и когда отчаяние замедляло выздоровление или ускоряло смерть. Однако, переход от биомедицинской и биохимической модели заболевания был не простым. Современная медицинская среда не поддерживала выхода на первый план более холистического подхода становления эмоций, системы убеждений и отношений пациента.

Новая парадигма «холистического здоровья» полагала, что органическое заболевание является прямым отражением эмоционального расстройства. Как следствие, если бы мы могли вылечить эмоциональную дисфункцию на энергетическом уровне, тело в конечном итоге исцелило бы себя. Врачам по прежнему было бы сложно представить, что психологическое воздействие может иметь заметное влияние на то, что принято считать обычными физиологическими реакциями. Тем не менее, есть пример исследования, которое показало, что применение техник на расслабление, управляемых образов и биологической обратной связи произвело значительное снижение симптомов тошноты, типичных для раковых больных, проходящих химиотерапию.[1,2]

В центре парадигмы холистического здоровья находится убеждение, что индивидуальная функция тела тесно связана с разумом и духом. Выражаясь поэтически, музыка каждого естества должна резонировать с физическими, социальными, психологическими и духовными сферами, чтобы они соткали богатое полотно жизни. Когда человек не может эмоционально реагировать на ситуацию соответствующим образом, на смену ему в готовность приходит тело. Это вызывает механизм стресса и способствует развитию многих «психосоматических» состояний. Эти состояния включают пептические язвы, повышенное кровяное давление, мигрени, проблемы сердца и так далее, и они представляют собой физические последствия собственной неспособности управлять социальными, психологическим и эмоциональными аспектами жизни. Часто, самого страха нависающей угрозы может быть достаточно, чтобы вызвать те же физиологические реакции, что и сама реальная ситуация.

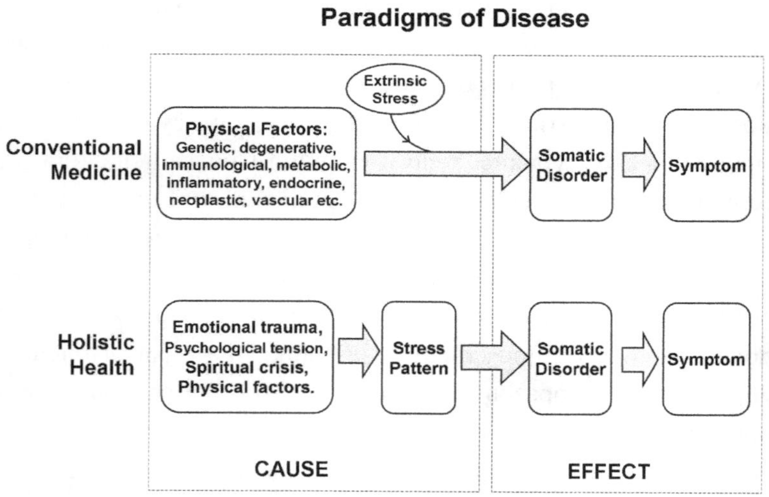

**Paradigms of Disease**

*Рисунок 1: Причинная Связь Стресса и Болезни*

В книге *«Создание Здоровья»* Кэролайн Мисс выделяет восемь форм стресса, которые исходят из таких дисфункций.[3] Они включают в себя неразрешённые личностные проблемы, негативные убеждения и отношения, неспособность давать или принимать любовь, невозможность отпускать самого себя, неспособность совершать эффективные выборы, отрицание физических нужд и потеря смысла жизни.

Некоторые из этих форм можно проследить в клинических случаях, описанных ниже.

# Клинический Случай 1 – Трудноизлечимые Проблемы с Желудком

Когда я начал изучать гипнотерапию, ко мне пришло понимание того, что самый приятный исход искусства релаксации и регрессии заключался в его невероятно целительном потенциале. Пациенты с необъяснимыми хроническими симптомами замечали явное и существенное улучшение, а часто полное выздоровление после извлечения эмоционального составляющего проблемы. Не редко, корень проблемы может лежать глубоко в подсознательной памяти прошлых воплощений, о чём я узнал на моём первом уроке терапии прошлой жизни.

Среди других студентов в моём классе гипнотерапии была весьма внушаемая женщина по имени Кларисса, которая со временем оказала огромное влияние на моё восприятие терапии. Ей было немного за сорок, и с пятилетнего возраста она страдала от острой, колющей боли в верхней части живота. Эти спазмы были связаны с голодом. Родом она была из бедной многодетной семьи, не всегда была возможность прокормить всех её членов, часто она делила свою порцию между братьями и сёстрами. По этой причине, ей часто приходилось голодать.

С годами нерегулярное питание усугубило её боль, которая по её словам «продолжалась так долго, будто бы никогда не останавливалась». В возрасте 20 лет ей сделали эндоскопию верхнего желудочно-кишечного тракта, но она показала только лёгкое воспаление двенадцатиперстной кишки без признаков образования язвы. Боль оставалась сильной и не поддавалась лекарственной терапии. Она обратилась за консультацией к натуропату, который посоветовал ей отказаться от хлеба. После изменение диеты, симптомы частично ушли, но эпигастральная боль не оставляла её в покое. На момент начала обучения в классе по гипнотерапии, она была обеспокоена нарастающим разладом в отношениях со своим супругом, и решила выяснить возможную метафизическую основу своего затруднительного положения.

Во время обучающего тренинга она выступила волонтёром для регрессии в прошлую жизнь, и обнаружила себя в Японии, гейшей тридцати четырёх лет в красном одеянии. Как бы там ни было, это была несчастливая, злая и грустная жизнь. В другой жизни она была в городе Чэнду в Китае, и в отличии от предыдущей эта жизнь была намного счастливее и впечатляющей. Она обнаружила себя одетой в японское кимоно с узорами из белых цветков, в руке у нее был зонтик, она танцевала на сцене для большой аудитории. Когда спектакль закончился она поклонилась и грациозно спустилась вниз со сцены в сопровождении телохранителей. К сожалению, её сценический блеск был недолгим. Её жених-собственник решил, что её красота и очарование принадлежали только ему, он не хотел делиться ею с другими мужчинами и зарезал её. Нож вонзился в верхнюю часть её живота, в то самое место, в котором она ощущала трудноизлечимую боль в своей текущей жизни. В момент смерти она в агонии закричала: «Я не хочу умирать, я слишком молода». Всё ещё пребывая в трансе, она обнаружила, что её жених из прошлой жизни был её мужем в настоящей жизни, и в мире духов она должна была научиться прощению.

С того дня у Клариссы ушли боли в надчревной области, и она была переполнена благодарностью к терапевту, который помог ей в этом. Два года спустя, когда мы снова встретились, она подтвердила, что с тех пор боль не возвращалась к ней ни разу. Таким же чудесным образом, её отношения с мужем заметно улучшились и стали счастливыми.

Этот опыт открыл мне, что регрессия, на самом деле, направлена на понимание и трансформацию. Тело может говорить человеку, какие уроки должны быть выучены, чтобы измениться, но ответственность за процесс лежит на самих пациентах. Лекарства не могут избавить от душевной боли или от какого-либо чувства обиды, бушующего внутри. Причина и следствие связаны как на физическом, так и на метафизическом уровнях, а также через пространство и время. По существу, искажение времени присуще всем гипнотическим состояниям, и не сложно представить, как причинные связи могут простираться через эры и жизни. Основная цель – установить, как информация, собранная из предыдущего воплощения, может улучшить благосостояние пациентов в их текущей жизни. Неважно, воспринимается ли история Клариссы как настоящая или прошлая жизнь или как игру её богатого воображения, служащее метафорой для её внутренних конфликтов, важно, что эта история помогла выявить ключевые проблемы и помогла ей понять урок, который она успешно могла бы применить к своей текущей жизни.

Когда Кларисса связалась со мной два года спустя после её первой сессии, она попросила моей помощи как терапевта. Как я уже упоминал ранее, её отношения с мужем значительно улучшились и она почувствовала с ним сильную связь через прошлую жизнь. Хотя у неё больше не было боли в надчревной области, теперь её беспокоила высокая кислотность, несварение и пристрастие к еде. У неё часто возникали голодные спазмы и ей приходилось питаться через каждые два часа, чтобы подавить дискомфорт. Она беспокоилась о частоте приёма своей пищи, и её симптомы вновь не поддавались медикаментозному лечению. Она чувствовала, что в ней скрывалась ещё одна неразрешённая проблема и хотела добраться до её сути.

Она регрессировала в две прошлые жизни, обе из которых были сильно связаны с её текущим симптомом. В первой – она родилась в семье кочевников и в возрасте восьми лет её продали замуж за мужчину из богатой семьи. К несчастью, муж над ней издевался и, в одном из конфликтов, яростно ударил её в живот. В другой раз, её муж ушёл и больше не вернулся, оставив её одну и без еды. Она искала своих родителей, но не смогла найти. Ей встретился принц в арабском одеянии, который накормил её, а затем взял с собой во дворец и попросил её выйти за него замуж. Однако, она ответила отказом на его предложение, так как чувствовала себя недостойной его.

Во второй прошлой жизни Кларисса обнаружила себя в Болгарии, замужем за другим принцем. На этот раз, его отец был против их союза и хотел, чтобы вместо этого принц женился на принцессе. Таким образом, её насильно разделили с её мужем, несмотря на то, что они любили друг друга. Позже, они снова встретились и на этот раз покинули общество, поселившись в мирном месте в джунглях, проживая тихую и счастливую жизнь. У них родился сын, когда он вырос, он покинул дом в возрасте 25 лет, найдя работу в городе, но, к сожалению, они больше не получали от него вестей. Когда ей было 70 лет её муж умер, а через некоторое время и она умерла разочарованная и злая. Она не понимала, почему её сын так больше и не вернулся, хотя позже она узнала, что он стал жертвой преступной группировки и был забит до смерти. После смерти, её тело досталось диким животным, которые выели часть её живота. Она даже увидела, как птица вытянула её кишки наружу из брюшной полости и улетела с ними. В мире духов она осознала, что её сын из прошлой жизни был её мужем в текущей жизни.

Согласно Роджеру Вулгеру:[4] «Одна из отличительных черт терапии прошлой жизни в том, что за каждым хроническим физическим симптомом, который не поддаётся традиционному лечению, стоит прошлая история бедствия, потери или насильственной смерти, находящейся в центре самого симптома». Это хорошо видно в случае Клариссы. Оказалось, что её тело бессознательно копило какие-то глубоко спрятанные комплексы. Вскоре после сессии, мы встретились с ней за ужином в ресторане. Она сразу же рассказала, что причиняющий ей страдания симптом несварения желудка и дискомфорт ушли. Она подумала и поняла, что её прошлые жизни повлияли на её текущее поведение двумя путями: (а) осознанием, что личности из предыдущих жизней были другими людьми в текущей жизни, (б) и что её история прошлой жизни каким-то образом повторно разыгрывалась в её текущей жизни и оставалась незавершённой.

Каждый раз, когда я вспоминаю историю Клариссы, в моей голове всплывает следующая цитата Каролины Мисс:

Фундаментальное положение холистической среды в том, что болезнь не происходит случайно. Каждое заболевание или дисфункция, которые развиваются у человека, являются признаком определённого типа эмоционального, психологического или духовного стресса. Каждая характеристика заболевания, как, например, её местоположение в теле, является символически важной.

# Клинический Случай 2 – Синдром Раздражённой Толстой Кишки

Открытие, что психические, эмоциональные и физические отпечатки, заложенные в одной жизни, могут каким-то образом передаваться в будущие жизни, побудило меня к бескрайней и по большей части малоизученной области терапии. Интересно, что желудочно-кишечный тракт очень чувствителен к стрессу и, иногда, его называют «вторым мозгом». Это потому, что он содержит много нервных окончаний и его деятельность затрагивает гормональные и нейрохимические передатчики. Непрофессионалы часто говорят, что «чувствую нутром» (пр.пер. дословный перевод: «кишками чувствуют»), в то время как врачи остаются заинтригованными состоянием Синдрома Раздражённой Кишки (СРК). Это часто встречающееся функциональное расстройство характеризуется хронической болью живота, дискомфортом от вспучивания и изменением в опорожнении, но при отсутствии какой-либо выявляемой органической причины. Независимо от природы стресса, у страдающих СРК, по всей видимости, наблюдается более низкий уровень толерантности и более резкая на него реакция.

СРК диагностируют симптоматически. Состояние у людей проявляется по-разному. В то время, как некоторые пациенты ощущают симптомы лишь изредка, другие могут испытывать сильнейшую диарею и запор до такой степени, что недомогание оказывает сильное воздействие на многие сферы деятельности их жизни. Симптомы у одного и того же человека могут варьироваться по частоте и интенсивности изо дня в день, и из месяца в месяц. Непредсказуемость того, что может произойти завтра, является неприятной составляющей природы этого заболевания. Медицина давно озадачена данной проблемой, и самое лучшее, что большинство врачей могут сделать – это заверить пациента, что это состояние не угрожает их жизни. Несмотря на то, что лекарства могут обеспечить частичное облегчение симптома, они не могут проникнуть в существо проблемы.

В самом деле, одна из моих первых проведённых сессий регрессии в прошлую жизнь была примером того, насколько она была эффективной в устранении СРК. Дэбора была женщиной средних лет, сама врач, и она много лет страдала от трудноизлечимых симптомов СРК. Учась в школе, ей приходилось испытывать высокие уровни стресса во время экзаменов, с сопутствующим сильным желанием побежать в туалет. Став взрослой, во время стресса у неё стали появляться спастические боли в животе и она чувствовала непреодолимую необходимость сбегать в туалет. Колоноскопические анализы были нормальными и её гастроэнтеролог дал ей стандартный совет по диете, а в качестве лечения - лекарство от диареи и спазмолитики.

После возвращения из отпуска Дэбора стала ежедневно испытывать сильные приступы боли в нижней части живота и диарею, которые были вызваны мыслями о еде, ужине в ресторане вне дома, или о том, что она находится физически далеко от общественного туалета.

На нашей первой сессии она регрессировала назад в жизнь нищего подростка, одетого в отрепья и сандалии, одиноко бродящего по рынку. Она обнаружила, что она была беременной и решила сделать аборт, после которого она мучилась угрызениями совести и постепенно потеряла зрение. Это была мучительная, наполненная страданием жизнь. Она дожила до 80 лет и в момент смерти почувствовала облегчение и усталость. В мире духов, она встретилась со своим ребёнком, чтобы вымолить у него прощение, а после выхода из транса она рассказала мне о совпадении, что у её сына в настоящей жизни был упадок зрения из-за сильнейшей близорукости и он стоял перед угрозой предстоящего отслоения глазной сетчатки. Положительным моментом было то, что сразу после сессии Дэбора насладилась пятью днями жизни без боли. Эпизоды диареи также существенно сократились.

Во второй сессии она регрессировала назад в жизнь осиротевшего мальчика в Индии. Его мать и младший брат погибли в аварии в повозке, а его лучшего друга детства, китайскую девочка, замучил до смерти какой-то полицейский. Столкнувшись с эмоциональной потерей, он вырос чрезмерно гневливым, и когда ему было чуть больше двадцати лет, отомстил тому же полицейскому как террорист-смертник. В момент смерти, её злоба отвергала прощение, поэтому, чтобы помочь ей найти внутреннее спокойствие, я поместил её в место исцеления. После сессии произошло существенное понижение её уровня тревоги, и она уехала в отпуск на Филиппины. Так случилось, что во время этого путешествия она поехала кататься на каноэ, судно опрокинулось, но она нашла/помнила себя спокойной в момент кризиса. Она была удивлена своей невозмутимости во время ситуации, которую она описала как «один из самых больших кошмаров» её жизни.

В третьей сессии Дэбора обратила внимание на другой, но схожий симптом. Она описала его как «тревожность в аэропорту», так как каждый раз, когда она приезжала в аэропорт или даже просто думала о нём, это вызывало сильнейшие спазмы в животе и диарею. Во время регрессии она внезапно пережила в ретроспективе кадры смертельного цунами в Декабре 2004 года, и регрессировала назад в момент, когда она смотрела по телевизору, как огромные волны цунами сшибали жертв с побережья Тайланда. Потрясённая страшным разрушением, она очень хотела помочь жертвам, но её ситуация не позволила ей присоединиться к гуманитарной миссии. Месяц спустя, они с мужем полетели в отпуск в Пхукет, на побережье Тайланда, и у неё развилось чувство вины, так как она сэкономила, воспользовавшись низкими ценами на авиабилеты после цунами. Её также страшно вывел из себя запах гниющих и разлагающихся тел. По мере того, как наша сессия продолжалась, она регрессировала в сцену из прошлой жизни женщины чуть больше тридцати лет. Она садилась с мужчиной на маленький самолёт, пунктом прибытия которого был курорт. Самолёт взлетел, пересёк какое-то море и направился в сторону острова, как вдруг внезапная турбулентность стала причиной его крушения и пожара. В последние моменты жизни она была крайне обеспокоена за своих двоих детей, семи и девяти лет, которым она уделяла крайне мало времени из-за частых полётов. В мире духов она попросила у них прощения.

Дэбора пришла снова на четвёртую сессию, в которой она регрессировала в африканскую деревню. Она обнаружила себя двадцатилетней девушкой, которой пришлось ухаживать за душевнобольными мужем-инвалидом и пятью детьми. Она должна была продавать овощи на рынке, приглядывать за плачущим ребёнком и готовить еду семье, и чувствовала себя очень подавленной. В своём отчаянии и гневе она ударила мужа по голове, случайно его убив. Вздохнув, она представила, как жители деревни арестовывают её за совершённое преступление. Её руки были завязаны сзади и её поставили в открытое поле и заживо сожгли. В мире духов она сожалела, что не проявляла упорство, а вместо этого выбрала легкий выход. Она попросила прощение. И что более важно, она стала замечать похожие паттерны в своей текущей жизни, в которой она переживала подобное отчаяние со своим мужем и детьми.

После этой четвёртой сессии, у Дэборы полностью исчезли симптомы тревоги в аэропорту. Спустя год, симптомы СРК её не беспокоили. Похоже, что то, что перенеслось из одной жизни в другую, было паттерном, который создался из её действий, желаний и мотиваций, или, как некоторые говорят, «кармой». После многочисленной терапии прошлой жизни, она стала ощущать себя в большем контакте со своим большим жизненным планом и личными ценностями. Оказалось, что её разнообразные жизни были связаны единой нитью, а урок заключался в том, чтобы она ценила членов своей семьи и оптимально использовала свои шансы, которые ей давала жизнь.

# Клинический Случай 3 – Головокружение

В некоторых случаях необъяснимые симптомы пациентов поддаются регрессионной терапии только частично или совсем не поддаются. Одно, отчасти спорное объяснение - это присутствие навязчивой, бестелесной энергии духа, которая прикрепилась к пациенту. Когда состояние навязано бестелесным духом, как правило, сама по себе регрессионная терапия может не справиться с устранением симптома.[5]

Тэнни страдала от тревоги и синдрома раздражённого кишечника последние десять лет, с изредка повторяющимися паническими атаками, вследствие которых ей приходилось неоднократно посещать кабинет скорой помощи в больнице.

У неё были проблемы с мужем, который влезал в долги в то время, как она должна была зарабатывать достаточно денег, чтобы оплачивать его счета. Семь лет назад, после полёта на самолёте у неё появился шум в ушах. Три года назад она решила взять уроки Цигуна (энергия жизненной силы) в надежде излечиться, но к несчастью, это только усугубило её состояние. В то же самое время у неё появилось головокружение. Она ощущала головокружение и «покачивание», будто она «падала с американских горок». Затем, она стала переживать необъяснимое ощущение «хвоста, выходящего из головы» всякий раз, когда она поворачивала свою шею. Врачи не могли определить ничего органически отклоняющегося от нормы в её вестибулярном аппарате или центральной нервной системе. Вскоре после этого она стала страдать ещё и от бессонницы и заметила, что её проблемы усугубляются перед менструацией. Вдобавок, она стала видеть один и тот же сон, в котором она всегда искала туалет.

Тэнни прошла через несколько сессий гипнотерапии для расслабления, в которых она научилась контролировать своё головокружение, представляя, как она едет на велосипеде, чтобы научиться балансу. После некоторого изначального сопротивления, она также согласилась попробовать регрессионную терапию, но всякий раз, когда обсуждалась терапия прошлой жизни, она отклоняла эту идею под предлогом, что ей достаточно проблем в её настоящей жизни.

На первой сессии я регрессировал Тэнни назад в возраст четырёх лет, и она увидела себя вместе с сестрой, навещающий свою маму в больнице, которая только что родила их младшего брата. Увидев маму, она стала рыдать, не понимая причины: «Когда я вижу мою маму и её малыша я плачу. Я знаю, что я должна чувствовать себя счастливой, но я просто плачу».

В гуще её эмоций появилась история, полная чувства вины. Мама Тэнни умерла, когда Тэнни было 28. Она и её старшая сестра, обе были в отпуске в Китае на момент смерти её матери. Её сестра уже несколько месяцев не была дома и её мама ждала её возвращения. Тэнни переходила с одной работы на другую и решила присоединиться к своей сестре заграницей. Непосредственно перед тем, как она уехала в Китай, после обычного обследования её маме сказали, что она полностью здорова. Неделю спустя Тэнни получила известие о смерти матери из-за сердечной недостаточности и помчалась домой на похороны. Она сказала: «Я была в шоке. Я не могла поверить, что она умерла». По-видимому, она так и не смогла отпустить чувство вины. Находясь в регрессии, она прошла через сцену похорон, чувствуя, что она могла бы провести больше времени со своей мамой.

Тэнни почувствовала значительное улучшение после первой сессии, и состояние головокружения улучшилось. Её история напомнила мне слова Чарльза Уитфилда в книге *Исцеление Внутреннего Ребёнка»*:[6]

Можно значительно облегчить чувство вины благодаря признанию его существования и затем с помощью его проработки. Это означает, что мы переживаем его и обсуждаем с соответствующими доверенными людьми. В самом простом разрешении мы можем извиниться перед человеком, которому мы могли нанести вред или обмануть, и попросить его прощения. В более сложной форме, нам, возможно, придётся более углублённо поговорить о чувстве вины с этим человеком или на личной терапии.

Месяц спустя Тэнни вернулась на вторую сессию. Она пережила паническую атаку, находясь внутри переполненного лифта. Проконсультировавшись на следующий день с доктором, ей прописали антидепрессант, но лекарство не помогло, а вместо этого привело к бессоннице.

Так как её всё ещё беспокоило ощущение «покачивания», я решил сфокусировать её внимание на этом ощущении, и она вошла прямо в катарсис, регрессировав назад в, как она описала, самый мрачный момент её жизни. Это было на её первом уроке Цигуна, после которого у неё начались головокружения. Она увидела себя сидящей на полу, а учитель Цигуна ходил вокруг. Мысль о классе, плохо освящённое помещение, а также сам учитель Цигуна её пугали. У неё быстро билось сердце, она тяжело дышала и тело тряслось от напряжения.

Исходя из этих странных симптомов, её дрожащего голоса и выражения ужаса на её лице, я заподозрил вероятность прикрепления бестелесного духа к её энергетическому телу. Для её комфорта я углубил её трансовое состояние прежде, чем начинать диалог с бестелесной сущностью. Это была молодая девочка, которая не хотела выдавать своё имя, но она находилась прикреплённой к телу Тэнни в течение последних трёх лет, с момента начала её уроков Цигуна. Она утверждала, что её цель заключалась причинить страдания своей хозяйке, но причина не была названа. После некоторого убеждения бестелесный дух расплакался и согласился покинуть тело хозяйки в случае, если её будет сопровождать её мама. После того, как она её покинула, физическое напряжение Тэнни быстро ушло.

Выходя из транса, она сказала, что в момент, когда сущность её покинула, она почувствовала ясную и внезапную радость и расслабление.

На следующий день Тэнни с восторгом мне написала:

У меня болела голова и было вздутие живота после вчерашнего, но покачивающее ощущение значительно снизилось и мой разум никогда не был настолько ясным! Я чувствую себя очень расслабленно, когда хожу.

Восемь месяцев спустя она пережила опыт, который на её взгляд был удивительным. Она была в отпуске в Дубае и ей хватило смелости покататься в пустыне на верблюде. Она обнаружила, что смогла преодолеть страх перед ощущением покачивания, и почувствовала, что все снова вернулось в норму.

## Клинический Случай 4 – Экзема и Гипергидроз

Томас был мужчиной средних лет и работал менеджером-маркетологом. В течение последних трёх лет он страдал от экземы на пальцах рук. Состояние ухудшалось во время стресса, но было замечено временное ослабление болезни во время путешествий, будь то деловая поездка или в отпуск.

Сфокусировав Томаса на эмоциях, связанных с его состоянием, он внезапно регрессировал в более ранний период его жизни. Он находился один в комнате, избегая своих родителей и чувствуя себя очень несчастным. Позднее, Томас пережил несколько расставаний и каждый раз винил себя за провалы в своих отношениях. Его отправили заграницу в Китай, ему было тяжело от ощущения давления и переживаний, которые он испытывал будучи основным ответственным за продажи компании. В этот же время у его папы началось ухудшение здоровья, а его девушка хотела выйти за него замуж и ждала его возвращения. Экзема появилась, когда он переживал стресс, стараясь всем угодить. Вскоре, экзема ухудшилась, он не мог спокойно дотрагиваться до вещей и чувствовал себя «прокажённым». Он почувствовал гнев.

С помощью наведённых образов я поместил Томаса в целительный сад и помог ему представить целительные свойства кустов, цветов и озера вокруг него. Во время того, как он омывался и погружал себя под целительный водопад, его озарило внезапное понимание своего жизненного урока. За последние пять лет активного бизнеса, он постоянно мчался вперёд и справлялся со стрессом, но даже не подумал остановиться, чтобы дать своему телу восстановиться и исцелиться.

Томас вернулся через неделю и экзема на его пальцах подсохла. Он был оптимистично настроен по поводу терапии и попросил, чтобы я рассмотрел его другую проблему - повышенную потливость (гипергидроз). Она продолжалась многие годы и ухудшалось каждый раз во время стресса. После пробуждения Том каждое утро включал кондиционер в своей спальне, чтобы с этим справиться. Однако, к тому времени, как он добирался до парковки его рубашка была неизменно мокрой от пота.

Томас регрессировал назад в то время, когда он испытывал сильнейший эмоциональный стресс, связанный с повышенной потливостью. Он пережил эти стрессовые моменты своей жизни, когда ему приходилось справляться со стремительном темпом работы и жизни, который он активно сам себе создавал. И он вдруг осознал, как его собственноручно созданный и самоподдерживаемый стресс стал причиной повышенной потливости в его жизни.

На следующий день, Томас радостно мне сообщил, что утром, когда он одевался, ему не пришлось включать кондиционер. Также, он дошёл до парковки с сухой рубашкой. Я встретился с ним через неделю и он сообщил, что его потливость чудесным образом полностью прекратилась.

# Резюме

Регрессионная терапия обладает огромным потенциалом исцеления и трансформации пациентов, и существует множество применяемых техник. Но знание техник является только одним из аспектов получения лучших терапевтических результатов. Что также важно – это чувство сострадания, любви, вдохновения и жизненного опыта самого терапевта, которые он привносит в процесс, чтобы помочь пациентам.

В последние годы, медицина стала охватывать всеобъемлющий целостный подход к пациенту, а также различные комплементарные целительные практики. Болезнь постепенно воспринимается как бессознательное изменение в теле человека из-за страха принять, что что-то перестало работать в его жизни. Это подход охватывает гуманистическую, поведенческую и интегративную медицину, и включает понимание человека как эмоциональное, разумное, социальное и духовное, так и физическое, существо. Этот сдвиг парадигмы усиливает способность пациентов выйти за пределы заболевания, чтобы удовлетворить свой потенциал эмоционально сбалансированных, социально включённых и духовно наполненных личностей. Он признаёт их способность собственного исцеления и рассматривает их как активных партнёров нежели, чем пассивных получателей медицинской помощи.

# Об Авторе

**Д-р Питер Мак (Dr Peter Mack)** MBBS, FRCS(Ed), FRCS(G), PhD, MBA, MHlthEcon, MMEd

Питер – хирург общей практики, практикующий в государственной больнице в Сингапуре более тридцати лет. Доктор медицинских наук и обладатель трёх степеней магистра: делового управления, экономики здравоохранения и медицинского образования. Он также является сертифицированным гипнотерапевтом с Дипломом в Регрессионной Терапии. Питер – автор книг *«Исцеление Глубинной Боли»* и *«Судьбоносное Значение Внутреннего Исцеления»*. Он член-основатель *Общества Медицинского Продвижения и Исследования в Регрессионной Терапии.* Читатели, желающие связаться с ним, могут написать ему на электронную почту: *dr02162h@yahoo.com.sg.*

# Литература

1. Carey, M.P., & Burish, T.G., *Etiology and Treatment of the Psychological Side Effects Associated with Cancer Chemotherapy: A Critical*

2. *Review and Discussion.* Psychological Bulletin, 104, 307–325. 1988.

3. Burish, T.G., & Jenkins, R.A., *Effectiveness of Biofeedback and Relaxation Training in Reducing the Side Effects of Cancer Chemotherapy.* Health Psychology, 11, 17–23, 1992.

4. Myss, C., & Shealy, N., *The Creation of Health – The Emotional, Psychological and Spiritual Responses that Promote Health and Healing.* Bantam Books, 1988.

5. Роджер Вулгер "Другие Жизни, Другие Личности. Юнгианский Психотерапевт Обнаруживает Прошлые Жизни (Woolger, R., *Other Lives, Other Selves. A Jungian Psychotherapist Discovers Past Lives.* Bantam Books, 1988).

6. Ireland-Frey, L., *Freeing the Captives.* Hampton Roads Publishing Company, 1999.

7. Whitfield. C., *Healing the Child Within.* Health Communications, Inc. 2006.

# 5

# РАБОТА С ТРУДНЫМИ КЛИЕНТАМИ

**Татьяна Радованович Кюхлер (Tatjana Radovanovic Küchler)**

*Даруй мне душевный покой принять то, что я не в силах изменить, мужество изменить то, что могу, и мудрость, чтобы отличить одного от другого.*

Д-р Рейнхольд Нибур

## Введение

Я профессионально занимаюсь гипнотерапией с 2004 года и преподаю её с 2006 года. С детства меня интересовали прошлые жизни, а позже – регрессионная терапия. Но, в начале, я хотела узнать всё, что возможно о гипнотерапии. На одном из тренингов я узнала, насколько мощна регрессия людей к источнику их проблем в настоящей жизни, и я успешно стала использовать её в своей терапевтической практике. На другом семинаре была показана регрессия в прошлую жизнь, и я поняла, что мне бы хотелось больше узнать об этом. Она давала мне недостающее звено и необходимое ценные инструменты, и сделала мою работу гораздо более полной.

Я принимаю клиентов у себя в кабинете в Женеве, но многие клиенты не готовы к гипнотерапии и регрессии. Одни - оттого, что по природе обладают аналитическим складом ума, другие - из-за своей культурной принадлежности. Для этого я разработала несколько методов работы с так называемыми «трудными» клиентами. Однако, я не рассматриваю клиентов с серьёзными проблемами психического здоровья. Я считаю, что ими должны заниматься опытные терапевты, у которых есть специальное образование для работы с ними. Как вы понимаете, я здесь не предоставляю книгу рецептов, которая бы давала инструкции для каждой проблемной темы. Моя цель, скорее, дать вам идеи и, может быть, стимулировать ваше воображение на возможность работы с ними.

Так что же именно понимается под «трудным» клиентом? Это может быть ситуация, когда клиент не реагирует, как ожидается, или терапевт не способен помочь и ущемляется эго терапевта? Или, когда клиент боится, что метод терапевта не сработает? Иногда, это немного и того и другого.

Работа с клиентами аналитического склада ума и с «трудным» клиентами, особенно, для терапевтов-новичков может вызывать раздражение. Я столкнулась с такими трудностями сама и узнала, что многим коллегам в этой области также непросто с ними работать. Поможет позитивный подход. Их можно рассматривать как сложные задачи, и как «намёк» от вселенной, чтобы помочь вам стать по-настоящему великими терапевтами. Прежде всего, на исход влияет позитивное отношение. Трудные клиенты многому меня научили, несмотря на то, что, порою, с ними было весьма нелегко.

Все клиенты особенные и нет двух одинаковых проблем, которые бы решались одним и тем же способом. Поэтому, пожалуйста, не забывайте, что вам, возможно, придётся адаптироваться к каждому из них. Некоторые люди остаются «сложными» независимо от того, что вы делаете, и насколько вы опытны. Главное здесь – не принимать это на личный счёт и не вставать в оборону. Иногда, клиенты не догадываются, что они сложные, а напротив считают, что проблема в том, что вы не знаете, как с ними работать.

## Отдалённые и Недоступные Клиенты

Когда я встречаюсь с отдалёнными и недоступными людьми, я открываю себя им, чтобы «почувствовать» их проблему. Я не говорю, что вам нужно взять на себя весь груз их сложностей. Я просто позволяю им «быть» и посылать мне информацию всех уровней коммуникации - физическую, энергетическую, кинестетическую, визуальную или аудиальную. Возможно, они испытывают страх и их поведение просто помогает им справиться со сложной ситуацией. Я даю им возможность проговорить свою проблему через меня, и реакции, которые я от них получаю, дают мне хорошее понимание об их чувствах.

Для того, чтобы это сделать, вам необходимо получить разрешение на получение интуитивной информации от клиента. Обычно, перед началом работы я устанавливаю намерение в моих ежедневных медитациях, и усиливаю его во время сессии, если замечаю, что «коммуникация» заблокирована. Я говорю себе: «Пожалуйста, открой моё энергетическое поле и позволь мне получать информацию на всех уровнях коммуникации, чтобы быть в состоянии помочь клиенту наилучшим образом и для его наивысшего блага».

Если вы позволите этому произойти и «почувствуете их боль», вы можете быть удивлены такой открытостью клиента.

По окончании сессии, когда надменность или другое поведение клиента были устранены, он, обычно, чувствуют себя хорошо и расслабленно, даже если вы не заметили, что сделали нечто особенное!

Это также поможет вам установить контакт со своим клиентом, позволит задать нужные вопросы, чтобы помочь ему преодолеть свою проблему. Не забудьте по окончании сессии отрезать энергетическую связь с клиентом. Это можно сделать с помощью намерения или попросить ваших наставников, отрезать его с любовью и прощением. Это поможет вам быть «открытым» для другого клиента и отделиться от энергии предыдущего клиента.

# Сопротивляющиеся Клиенты

Если я чувствую, что клиент сопротивляется или блокирует контакт, я спрашиваю их прямо, действительно ли они готовы разрешить свою проблему. Если ответ положительный, я также спрашиваю, согласны ли они на терапию, которую я предлагаю, и готовы ли делать всё возможное, чтобы эта терапия работала. Это можно сделать в любой подходящий момент. В каком-то смысле, это вербальный контракт, в котором они дают своё согласие следовать за мной. Это также даёт им возможность уйти, если они не готовы работать над своей проблемой. Я считаю, что нет смысла в совместной работе над чем-то, когда один из участников не готов. Это помогло мне когда-то создать прекрасные взаимоотношения и облегчило мою работу со сложными клиентами.

# Объяснение Гипноза и Регрессии

Гипноз звучит устрашающе и наполнено многими неправильными представлениями, даже само слово, которое в переводе с греческого означает сон. Я часто использую гипноз в ходе регрессионного процесса. Иногда, люди неправильно понимают гипноз. Часто, они приходят с представлением о гипнозе, основанном на том, что они видели по телевизору, прочитали в книжках, или нашли в интернете. У наблюдателя может создаться представление, что гипнотический транс является бессознательным состоянием разума, наподобие сну. А также, может показаться, что субъект следует командам гипнотизёра без какой-либо собственной воли. Или же, некоторые ожидают, что регрессия в прошлую жизнь будет настолько реальной, что они могут застрять в прошлой жизни.

Эти неправильные представления ведут к тому, что клиентам кажется, что они не были в гипнозе, или что прошлая жизнь была не настоящей, и вследствие этого расстраиваются, что сессия не соответствовала их ожиданиям. Они просто могут не осознавать, что находились в трансе или что образы, которые они видели действительно происходили из прошлой жизни. Некоторые очень ярко воспринимают прошлую жизнь, но не у всех проявляются образы.

Самое важное - дать клиентам информацию о гипнозе и регрессии, и в точности рассказать, что ожидать, предлагая им примеры, которые они способны понять. Им полезно чувствовать себя уверенными в том, что они могут это сделать. Вспомните, как вы сами себя чувствовали на первой сессии гипноза или регрессии. Возможно, вы боялись, что не сможете войти в гипнотический транс, или регрессировать во что-то, имеющее смысл. Хорошая сессия требует взаимопонимания и уверенности со стороны терапевта, и это зависит от формирования цели. Я даю клиентам такое объяснение:

Гипноз – это состояние, которое люди испытывают каждый день. Люди постоянно входят и выходят из транса естественным образом. Это случается, когда человек прибывает в место назначения на машине или пешком, но на пути не замечает достопримечательностей или событий. Это потому, что он проделывал этот путь столько раз, что ему нет необходимости сознательно о нём думать. Всё, что мы совершаем автоматически, можно считать состоянием гипноза.

Когда люди находятся в трансе, подсознание проще принимает внушения. Например, однажды, кто-то сказал мне, что у меня огромная сумка и как я вообще могу что-либо там найти. С тех пор, когда мне надо что-то найти, мне приходится искать очень долго и, иногда, я не могу найти мои ключи или талон на парковку! Почему так? Внушение достигло моего подсознания, и в то время, как утверждение, что я люблю большие сумки, является верным, я также приняла остальную часть внушения.

Медицина демонстрирует силу более глубокого гипноза, используя транс во время хирургических операций, как альтернативу анестетику. Находясь в глубоком трансе во время операции, люди не чувствуют боли, и восстановление происходит гораздо быстрее. Это также может возникать спонтанно во время несчастных случаев. Мы можем погрузиться в транс из-за шока от несчастного случая, как скажем, ударив коленку, и только какое-то время спустя заметим рану.

Во время такого рода трансов, люди осознают, где находятся, и способны слышать всё, что происходит вокруг. Вы всегда будете осознавать то, что вам говорят, и свои мысли. В течение сессии у вас могут быть циклы более лёгкого транса, а потом более глубокого.

В некоторых случаях, регрессия может ощущаться на физическом уровне, а кто-то может видеть картинки, как в фильмах. Другие склонны просто чувствовать или «знать», что с ними происходит.

Полезно учесть, что люди запоминают события посредством эмоциональной ассоциации. Возможно, вы услышали по радио песню, которая напомнила вам о каком-то особенном событии в вашей жизни. Она вызывает различные воспоминания, которые проявляются в мельчайших подробностях. Вы можете вспомнить, где вы были, что вы делали и с кем вы были в тот момент. Стимулом может служить звук или запах. У меня был один клиент, которому становилось плохо каждый раз, когда он нюхал лаванду. В регрессии он вспомнил прошлую жизнь, в которой лаванда использовалась в качестве антисептика во время чумы.

Таким же образом мы используем вашу проблему, чтобы вызвать у вас ассоциации, связанные с воспоминаниями из прошлого. Вы можете не помнить его сейчас, но когда мы используем правильные ассоциации и техники, вы вспомните. Иногда, люди могут просто знать к чему относится проблема, возможно, зная, что она исходит их прошлой жизни. Как они могут точно это знать? Это – знание или интуиция, в этом направлении и будет происходить регрессия. Будьте открытыми и доверяйте всему, что будет проявляться. Здесь нет правильного или неправильного, и я помогу вам с любыми вашими переживаниями.

# Испытания Чувствительности

В некоторых случаях, бывает полезно выходить за пределы объяснения гипноза. Можно использовать гипнотические тесты на чувствительность, чтобы убедить клиента, что они поддаются гипнозу, а также убедить их, что они находятся в состоянии гипноза. Многие люди, особенно, клиенты с аналитическим складом ума, намного глубже погружаются в транс после теста на чувствительность, поскольку это позволяет им понять, что такое гипноз, а также подтверждает, что они легко могут войти в состояние гипноза.

## Лимон

Попросите клиента представить, как он разрезает лимон пополам и капает сок себе в рот. Если он это представит, у него произойдёт физиологическая реакция слюноотделения во рту. Полезно обратить внимание клиента на то, что в реальности лимона нет, но он всё же в состоянии непосредственно проявить физическую реакцию.

## Книга и Воздушный Шарик

Попросите клиента представить, что в одной руке у него тяжёлая книга, а к другой привязан большой воздушный шарик, наполненный гелием, руки вытянуты. Пока закрыты глаза, дайте ему установку, что одна рука с книгой становится тяжелее, а другая рука с шариком – легче. Спустя несколько секунд он почувствует, как рука с книгой стала тяжелее и она начнёт двигаться вниз к полу, в то время как другая рука с шариком будет ощущаться более лёгкой и начнёт двигаться вверх к потолку. Важно обратить внимание клиента на ощущение тяжести или лёгкости в руках, а значит он находился в трансе и принял ваши внушения.

## Неподвижные Веки

Попросите клиента посмотреть на ваш палец, находящийся на расстоянии около 30 см от его лица. Попросите закрыть глаза, но продолжать «смотреть» на палец. Затем поднесите палец вперёд и прикоснитесь к его брови. Попросите его продолжить стойко фокусировать глаза на вашем пальце, и представить себе, что его веки теперь плотно закрыты, словно намазаны клеем. Затем попросите его продолжить следить за вашим пальцем через плотно закрытые веки, а сами, тем временем, двигайте палец к верхней часто его лба. Он не сможет поднять вверх закрытые глаза, когда вы попросите его их открыть. Если он не сможет, то поверит, что они на самом деле склеены.

## Пальцы - Магниты

Попросите клиента соединить кончики пальцев, подняв указательные пальцы кверху на расстоянии около четырёх сантиметров. Попросите его сфокусироваться на промежутке между ними, и наблюдать как он стремительно уменьшается, когда его пальцы начинают притягиваться к друг другу как магниты. Если он сопротивляется, продолжайте усиливать внушение, что его пальцы приближаются друг к другу всё ближе и ближе с усиливающимся магнитным притяжением. Это помогает объяснить клиенту, что вы хотите, чтобы он сделал, так как удерживая эту позицию мышцы указательных пальцев естественным образом устанут и, расслабившись, приблизятся друг к другу.

# Быстрые Индукции

У некоторых субъектов может быть слишком аналитический склад ума, и им может понадобиться различные виды наведения транса. У хорошего терапевты должен быть арсенал, который они могут использовать и адаптировать под разных клиентов. Можно использовать техники замешательства, но лично я считаю, что техника быстрой индукции скорее погрузит клиента на желаемую глубину. Одна из моих любимых техник наведения транса – вариация работы Дэйва Элмана:

**Просто расслабьтесь и несколько раз глубоко подышите … теперь я хочу, чтобы вы закатили ваши глаза наверх в их глазницы, не запрокидывая голову … отлично … теперь зафиксируйте ваш взгляд на какой-либо точке на потолку/стене … именно так … и просто сфокусируйтесь на этой точке и сконцентрируйтесь на вашем дыхании … вдох … и выдох … нежно и расслабленно … отлично.**

**Скоро ваши глаза начнут уставать и эта точка на потолке/стене станет размываться … и когда это произойдёт, я хочу, чтобы вы закрыли ваши глаза и расслабились …** (подождите) **отлично.**

**Очень скоро я попрошу вас открыть и закрыть ваши глаза несколько раз … и каждый раз, когда вы будете их закрывать, вы будете чувствовать себя вдвойне расслабленными, в два раза глубже … и каждый раз, когда вы будете пытаться их открыть, это будет сложнее и сложнее … хорошо.**

**Итак, сейчас откройте ваши глаза ... и снова закройте их ... и просто почувствуйте двойное расслабление и комфорт ... обратите внимание, как это приятно ... а теперь вновь откройте глаза ... и снова закройте ...** (повторяйте столько, сколько необходимо, обычно около 3х раз) **прекрасно ... у вас очень хорошо получается.**

**Сейчас я подниму вашу руку за запястье ... не помогайте мне её поднимать ... Просто позвольте вашей руке быть тяжёлой как свинец ... и разрешите мне её поднять ...** Терапевт должен поднять руку за запястье. Если клиент помогает поднимать свою руку, скажите, - «Нет, полностью отпустите свою руку ... дайте ей быть мягкой и расслабленной», и потрясите руку, пока она не станет мягкой и расслабленной. **... вот так ... она мягкая и тяжёлая ... и когда я быстро опущу её вам на колени ... вы позволите себе расслабиться в 10 раз сильнее ... вот так ... отлично ... теперь вы физически расслаблены ... я помогу вам умственно расслабиться тоже ...**

**Сейчас я попрошу вас начать отсчитывать назад от цифры 99 ... и пока вы спокойно и медленно считаете ... вы будете удваивать вашу умственную релаксацию с каждым счётом ... и отпустите эти цифры из вашей головы ... может быть с числа 98 ... или 97 ... эти числа просто исчезнут из вашего разума ... и вы погрузитесь в чудесную глубокую умственную релаксацию ... И если вы хотите, чтобы это произошло ... вы позволите этому произойти ... Когда эти числа уйдут ... вы поднимете ваш указательный палец, чтобы дать мне знать, что числа ушли ... а теперь начинайте считать спокойно и медленно ...** выделите голосом слова – спокойно и медленно.

Когда клиент начнёт считать, между каждым счётом добавляйте внушения:

**… удвойте ваше умственное расслабление …**

**… удвойте его ещё раз, считая медленнее …**

**… позвольте этим числам исчезнуть …**

**… они больше не важны …**

**… позвольте им улетучиться из вашей разума …**

Подождите, пока клиент поднимет указательный палец. Это может произойти довольно быстро. Если они перейдут за 95, скажите им твёрдо, что числа теперь исчезли.

**Хорошо, теперь все числа исчезли и вы находитесь в глубоком состоянии гипноза … вы расслаблены физически … и вы расслаблены умственно.**

Прибавьте любое углубление, на ваше усмотрение.


# Спонтанные Индукции

Для некоторых клиентов потребуется нечто ещё более быстрое, и это спонтанная (или мгновенная индукция). В то время как быстрая индукция займёт около трёх – пяти минут, спонтанная, как правило, - менее тридцати секунд. Это не даёт клиенту времени осмыслить, что происходит. Создавая замешательство, шок и потерю чувства баланса, его чувства и когнитивные возможности неожиданно перегружаются, приводя к диссоциативному трансу.

# Палец ко Лбу

Это одна из моих любимых, и она является вариацией теста на чувствительность «застывшие веки», который мы обсуждали ранее. Клиента необходимо усадить на стул с прямой спинкой и попросить положить руки на колени. Терапевт может сидеть или стоять напротив клиента, держа указательный палец на расстоянии нескольких сантиметров от его глаз. Спросите у клиента разрешения дотронуться до его лба перед тем, как вы начнёте, и затем продолжайте следующим образом:

**Следуйте глазами за движением моего пальца ...** Поднесите ваш палец к его лбу. Когда ваш палец будет близко, клиент часто автоматически закрывает свои глаза. Если нет, то просто попросите его их закрыть. **Продолжайте смотреть через закрытые глаза на точку лба, к которой я прикасаюсь ...** Слегка прикоснитесь к его лбу. **Пока вы это делаете, попробуйте открыть ваши глаза ... Вы будете не в состоянии их открыть ... они остаются плотно закрытыми ... чем сильнее вы стараетесь, тем больше они смыкаются ... теперь перестаньте пытаться и позвольте себе погрузиться глубже.**

Вам необходимо убедиться, что клиент действительно старается открыть свои глаза. Затем, с помощью вашего указательного пальца слегка толкните его голову назад, поддерживая её другой рукой в районе шеи так, чтобы она не отклонилась слишком далеко назад. **Не позволяйте мне отклонять вашу голову слишком далеко назад ...** В этот момент клиент окажет большее сопротивление вашему указательному пальцу. Убедитесь, что он наклоняет свою голову вперед к вашему указательному пальцу. Это важно, поскольку у него создается впечатление, что как только вы отпустите палец, он потеряет баланс. Он естественным образом уронит голову вперёд, когда вы отпустите палец! **Сейчас я сосчитаю с одного до трёх … и на счёт три вы погрузитесь в глубокое состояние гипноза … раз … два … три.**

На счёт три отпустите указательный палец и слегка подтолкните шею клиента сзади, в то время, как вы поймаете лоб клиента спереди с помощью другой руки. В этот момент скажите: **Спите!** Затем сразу же углубите транс посредством внушения, чтобы погрузить клиента в более глубокое трансовое состояние.

Вот пример того, как я использовала эту технику со сложным клиентом:

Виктор посетил шоу гипноза и хотел повторить его и научиться самогипнозу. Он ранее был у нескольких гипнотерапевтов, но безуспешно. На сцене он испытал индукцию «качание из стороны в сторону». Я могла бы её использовать, но это было бы затруднительно из-за нашей разницы в росте. Тем не менее, я сказала ему, что у меня есть другие индукции, которые погрузят его в глубокий гипноз.

Я начала с индукции Эльмана, но спустя несколько минут Виктор сказал: «Извините, я не под гипнозом». Это был плохой знак, поэтому я попросила его открыть глаза и объяснила, что у меня есть другая индукция, которая ему подходит. Я сделала быструю индукцию. Он оказался в гипнозе, как только я отпустила мой указательный палец. Я сделала ему установку, что когда я буду использовать слово «сон», он будет тут же закрывать свои глаза и погружаться обратно в это же состояние. Используя фракционирование, я заставляла его несколько раз открывать и закрывать глаза, пока не убедилась, что это заякорено. Я продолжила сессию, обучая его самогипнозу. Когда Виктор вышел из транса, он был потрясён невозможностью открыть глаза во время сессии и был уверен, что находился в состоянии гипноза.

Эта техника особенно хорошо работает с нетерпеливыми людьми, как Виктор, а также с людьми аналитического склада ума. У них не остается времени думать, поскольку погружаются в транс очень быстро, кроме того, они слишком удивлены, чтобы анализировать. Как было отмечено ранее, важно сразу же использовать техники углубления гипноза, иначе клиент выйдет из транса так же быстро, как в него вошёл.

Если вы хотите использовать эту индукцию, вам необходимо вначале попрактиковаться, чтобы скоординировать взаимодействие с клиентом и сценарий, отличный от того, который терапевт может сидя зачитать клиенту. На моих классах студенты всегда поражены, насколько хорошо работает короткая индукция, и когда они научатся ей, они уже не хотят возвращаться обратно к длинным индукциям.

## Укороченный Счёт

Ещё одна спонтанная индукция включает непредсказуемые действия:

**Я хочу, чтобы вы посмотрели на мой палец, и пока вы смотрите на него, я хочу, чтобы вы сосчитали от одного до пяти …** Когда клиент доберётся уже до 3 или 4, позвольте клиенту всё ещё видеть палец, а другую руку быстро отведите назад и твёрдым голосом произнесите

«**Спать!**», а затем нежно, но уверенно качните клиента вперёд или вбок.

Продолжайте тут же с выбранной вами техникой углубления. И вновь, вам вначале придётся потренироваться прежде, чем применять ее к клиенту.

С любой спонтанной индукцией, если ожидаемое трансовое состояние не достигнуто, можно перейти на индукцию Эльмана, и клиент не заметит.

# Заблокированные Эмоции

Иногда, клиенты погружаются в транс, но все ещё не могут регрессировать или отпустить свои эмоции. В нашем обществе мы научились их сдерживать, а некоторые клиенты научились этому слишком хорошо. Часто ко мне со своей проблемой приходят люди, которые посещали многих различных терапевтов, но их эмоции так и остались надёжно запертыми, неподвластными проработке.

## Аффективный Мост

Самый простой способ регрессировать заблокированного клиента в его настоящую или прошлую жизнь совершается посредством аффективного моста. В таком подходе, эмоции вырываются наружу пока клиент рассказывает о своей проблеме. Эмоциональное состояние уже является состоянием гипноза, поэтому нет необходимости в формальной индукции. Никто не захочет вернуться в событие, в котором они испытали боль, поэтому терапевту важно проявить твёрдость. Попросите закрыть глаза и рассказать вам историю в настоящем времени так, как она на самом деле происходила, а вы будете направлять его по событиям. Вы также можете попросить клиента перейти в самую худшую часть события, чтобы освободить застрявшие эмоции. После этого вам необходимо будет попросить его перейти в момент, когда он впервые пережил данную эмоцию.

Следующий текст поможет перенести клиента в текущую или прошлую жизнь в случае, если во время интервью эмоции не вышли наружу. После короткой индукции скажите:

**Теперь вы в состоянии глубокого гипноза ... такого глубокого, что вы гораздо сильнее осознаёте любые ощущения ... любые чувства ... благодаря тому, что вы находитесь в этом глубоком состоянии гипноза, вы можете намного лучше их осознавать ... Возможно, вы осознаёте определённые чувства ... и ощущения в вашем теле ... просто обращаете на них своё внимание ... Ощущаете свои руки ... может быть, одна рука ощущается теплее другой ... или одна рука ощущается холоднее другой ... и это ощущение позволяет вам опуститься глубже ... и когда вы погружаетесь глубже ... каждая мысль несёт вас глубже ... и к большему контакту с вашими чувствами ... каждый стук вашего сердца погружает вас глубже ... и так как вы настолько в контакте с этим чувством ... вы начинаете осознавать его и то ощущение, которое привело вас сегодня сюда ... так как вы настолько глубоко погружены в гипноз вы начинаете осознавать их прямо сейчас ... очень чётко в вашем теле ... они становятся сильнее с каждым вздохом ... и теперь вы можете чувствовать эту эмоцию или ощущение в вашем теле.**

**Скажите где сейчас эта эмоция в вашем теле?** Дайте клиенту время на ответ. Она может быть в груди, животе, ногах и т.д. **Сосредоточьтесь на этом чувстве в вашей(ем/их) \_\_\_\_ ... и сейчас я начну считать от одного до пяти ... и на счёт пять вы окажетесь в том периоде, когда вы впервые ощутили его в вашей текущей жизни ... или в прошлой жизни ... 1 ... чувство в вашей \_\_\_\_ усиливается всё больше и больше ... 2 ... это чувство в вашей \_\_\_\_ всё более и более ощутимо и ведёт вас к моменту, когда вы его впервые испытали ... 3 ... возможно, вы уже видите образы вашей текущей или прошлой жизни ... 4 ... ощущение в вашей \_\_\_\_ становится всё сильнее и сильнее ... 5 ... окажитесь там прямо сейчас!** Вы также можете надавить на то место, где клиент ощущает эмоцию, чтобы сконцентрировать его на данной области во время счёта.

Вот пример использования аффективного моста с клиентом:

Мари изначально пришла ко мне на приём из-за необъяснимого страха вождения. У неё вот уже 20 лет были водительские права, но она не могла водить машину из-за стресса, который ей это причиняло. Её муж купил ей полноприводную машину, но она слишком боялась её водить, и только дважды села за руль, чтобы навестить своих родителей. Каждой поездке предшествовала бессонная и нервная неделя. Я спросила её, как она себя чувствовала, когда управляла машиной. Она не смогла мне ответить, вытесняя эмоциональные воспоминания.

Но после того, как я использовала выше описанный текст, она ответила: «Я не могу двинуть мои ноги, они как будто онемели ... я на операционном столе ... о боже, они раздвигают мои ноги ... мне всего лишь четыре года ... я кричу, а медсестра удерживает мои ноги врозь ... они мне делают очень больно ... мне больно влагалище ... они должны что-то вставить туда ... это очень больно ... (плачет) я не могу себя контролировать ... я не могу контролировать мои ноги».

Мари привезли в больницу, находящуюся в 150 км от её посёлка, на машине. Ей было необходимо показываться врачу, который делал ей довольно небольшую операцию несколько раз, когда ей было всего четыре года. Каждый раз это была одна и та же невыносимая, болезненная хирургическая процедура, и каждый раз она была в страхе, путешествуя на машине со своими родителями. Никто не удосужился объяснить четырёхлетней девочке, зачем ей нужно было переносить эту процедуру. у неё сразу же восстановился поток энергии в ногах, и она смогла водить машину без прежнего страха.

Этот вид переноса в регрессию прекрасно работает даже, если у клиента есть заблокированные эмоции и он не осознаёт где находится эта «эмоция». Предварительно, я спросила Мари во время интервью, где она ощущала свою эмоцию, и она сказала, что страх был везде. Подсказка была в месте, когда она сказала, что не понимает, как люди могут управлять своими ногами во время вождения. Я сделала об этом заметку, но не обратила внимание на важность. Это приобрело для неё смысл только после окончания регрессии.

# Столкновение с Персонажем Текущей Жизни

Как упоминалось ранее, у некоторых людей очень хорошо получается сдерживать свои эмоции и, как правило, это защитный механизм. Следующая техника является вариацией аффективного моста. Она использует «столкновение» клиента с персонажем текущей жизни в начале регрессии.

Терапевт должен очень внимательно слушать, когда клиент рассказывает свою историю, так как часто в ней есть подсказки о людях, вовлечённых в конфликт. Эти намёки могут быть очень полезными. Подсказкой может быть их отказ разговаривать об агрессоре, как часто бывает в случае сексуального насилия. Сталкивая их с этим перед началом сессии, вы по нарастающей усиливаете эмоции, а потом используете их для переноса в событие прошлой или текущей жизни. Вот пример, в котором эта техника хорошо сработала:

Изабель была жертвой сексуального насилия со стороны дедушки, и она работала над этим с психотерапевтом. Она была молодой женщиной, с очень тихим голосом и мягким характером, что делало её еле заметной. Она рассказала мне о насилии и отсутствии уверенности в себе. Изабель работала со сложными подростками, особенно с очень агрессивными и была абсолютно неспособна справляться с ними и хотела быть проявлять себя более твёрдой.

В процессе она погрузилась в транс, но не могла получить доступ к каким-либо воспоминаниям из своего прошлого. Ничего не проявлялось – всё было просто чёрным без каких-либо очевидных эмоций. Когда это происходит с клиентами, как правило, это страх погружения в воспоминание, или убеждение, что посетившая их мысль не имеет значения.

Так как её изнасиловали, я спросила во время интервью, кто это был. Она с нерешительностью назвала его имя и свою связь с агрессором, её дедушкой.

Я предложила ей создать безопасное место, где она могла бы интуитивно встретиться с ним и начать диалог.

Она должна была представить себя, окружённой толстым органическим стеклом. Даже до того, как мы смогли начать диалог, она стала трястись и всхлипывать, и мы использовали это, чтобы регрессировать её к источнику. Она перенеслась в прошлую жизнь, в которой её изнасиловали. Когда это было устранено, она перешла в текущую жизнь, когда она была ребёнком, и мы проработали изнасилование. Очевидно, одной сессии было недостаточно, мы работали в течение нескольких сессий, каждая освобождала слои до тех пор, пока она не смогла предстать перед своим дедушкой в своём безопасном месте и поставить его перед вопросом о прошлом. Это научило её нужным подходам в работе с агрессивными подростками.

В этом конкретном случае, клиенту понадобилась значительная помощь, чтобы встать лицом к лицу перед агрессором и выпустить свои эмоции. Изабель не хотела разговаривать об изнасиловании, так как считала, что уже проработала эту проблему со своим психотерапевтом. Она не видела связи между изнасилованием и недостатком уверенности в себе, поэтому я не хотела сразу исследовать её текущую жизнь, а вместо этого использовала столкновение с её дедушкой, чтобы добраться до источника в прошлой жизни. Это хороший способ выманивания эмоции, которая спрятана глубоко внутри.

## О Чём Нам Говорит Эмоция

Существует другой способ работы с заблокированными эмоциями. Для того, чтобы помочь их высвободить, терапевту полезно понять ход мысли, связанной с эмоцией. Например, печаль – это эмоция, которую ощущают, когда кто-то что-то теряет, поэтому, когда клиент чувствует печаль в своей груди и не может двигаться дальше, я спрашиваю: «Что вы потеряли?». Вопрос необходимо повторить несколько раз и со временем клиент свяжет эмоцию с событием. В качестве примера:

Сюзанна пришла ко мне с глубокой печалью, которую она носила в своей груди. Она также сообщила, что у неё была астма с позднего подросткового возраста. Когда я спросила её о причинах печали, она сказала, что, если бы знала, то не была бы здесь. Казалось, что она была очень отстранена от своих эмоций. В последующей регрессии она сконцентрировалось на чувстве, которое она держала в своей груди. Я попробовала физический мост, но она сделалась раздражительной, когда чувство в её груди усилилось, а указания на источник её печали не возникло.

Я несколько раз повторила с максимальным состраданием: «Сконцентрируйся на своей печали и расскажи мне, что ты потеряла». Она расплакалась и тут же перенеслась в прошлую жизнь, в которой её заставили отдать своего ребёнка. Мы проработали это событие и полностью его распутали, связав его с событием текущей жизни, когда началась печаль. Её родители заставили её сделать аборт, так как она была слишком молода, чтобы ухаживать за ребёнком. Вскоре после этого у неё началась астма и она не осознала связь между этими двумя событиями. Это был способ её тела напомнить ей о неразрешённой печали, связанной с потерей ребёнка в этой и прошлой жизни. Через несколько месяцев она сообщила, что после сессий её астма полностью исчезла.

По моему опыту, любая проблема, связанная с лёгкими или областью груди (сердечная чакра), как правило, будет связана с печалью, которая в свою очередь, как правило, будет исходить из какого-то рода потери – например, любимого человека, или даже потери любви к самому себе. Однако, астма, например, не всегда связана с потерей, поэтому важно не делать предположений и дать клиенту найти его собственное решение.

Ниже приведены предложения для использования этой техники с тремя наиболее часто встречающимися негативными эмоциями:

- *Гнев*, обычно, оказывает воздействие на печень и желчный пузырь, мышечную систему и иммунную систему. Он также может проявляться в головных болях и сжатых кулаках. Как правило, это ответная реакция на какую-то несправедливость, которая происходит сейчас или произошла в прошлом, и с которой человек не смог справиться. В этом случае вопрос звучит так: **«В чём несправедливость?»**.

- *Страх*, обычно, оказывает воздействие на почки, мочевой пузырь, нервную систему, репродуктивную систему и эндокринную систему. Как привило, это ответная реакция на чувство небезопасности. Ключевым вопросом будет: **«Что небезопасно?»**.

- *Печаль и Горе*, обычно, способствуют боли в сердце и депрессии и воздействуют на лёгкие и большую кишку. Это указывает на потерю чего-то или кого-то. Ключевой вопрос: **«Кого или что вы потеряли?»**.

# Регрессия с Открытыми Глазами

У большинства регрессионных терапевтов когда-либо был клиент, которому было сложно погрузиться в транс или прошлую жизнь, несмотря на все усилия со стороны обоих.

Иногда, самые сложные регрессии те, которые делаются из любопытства, когда кто-то хочет испытать погружение в прошлую жизнь. Вот пример:

Филип хотел пройти сессию регрессии в прошлую жизнь, потому что ему её порекомендовала бывшая жена. У них было несколько проблем во взаимоотношениях и она полагала, что это ему поможет. Филип раньше никогда не был на терапии.

Когда я задала ему вопрос про его мотивацию, он ответил, что просто хотел бы узнать «что это вообще из себя представляет». Он не был особо открыт к общению и это сильно усложнило получение дополнительной информации. Однако, я смогла выявить его лежащее в основе намерение – узнать, почему его брак не работал.

Когда я попыталась направить его в прошлую жизнь, я не удивилась, когда он остановился и спросил меня, нужно ли ему описывать какая на нём обувь, или ту, которую он представлял, что на нём надета. Ему было невероятно трудно входить в прошлую жизнь, поэтому я попросила его открыть глаза и рассказать мне о своих переживаниях. Появилось очень много информации о прошлой жизни, но стоило ему закрыть глаза, как поток информации очень замедлялся, почти полностью прекращался. Я решила позволить ему испытать прошлую жизнь с открытыми глазами и предложила ему следующее:

«Пусть твоё сознание будет наблюдателем, как будто ты смотришь сам на себя. В конце сессии мы попросим сознание сообщить всё, что оно видело. Позволь своему подсознанию полностью погрузиться в переживание с открытыми глазами».

У него получилась прекрасная сессия, и возникшая история прошлой жизни очень ему помогла. Несмотря на то, что у него были открыты глаза, он вскоре их закрыл и только изредка открывал их, чтобы «вдохновиться».

Это всегда является альтернативным вариантом, если ваш клиент никогда раньше не имел дела с прошлой жизнью и испытывает трудности. Так или иначе, клиенты чувствуют себя менее сдерживаемыми и, вследствие этого, информация течёт свободнее. Скажите им, что это нормально даже «придумать» историю, если ничего не появляется. Она обретёт смысл потом.

# Заключение

Неважно с какими проблемами вы сталкиваетесь с, так называемыми, сложными клиентами, я советую вам всегда просить интуитивной помощи у вашего духовного наставника и наставника клиента. Несмотря на то, что вы можете встретиться со множеством сложностей, я всем сердцем верю, что для каждого из них найдётся решение. Однако, решение может не всегда совпадать с тем, что вы себе представляли, поэтому будьте максимально открыты и позвольте вашей интуиции направить вас к решению.

# Об Авторе

**Татьяна Радованович Кюхлер (Tatjana Radovanovic Küchler)** CI, BCH, Dip RT

Татьяна – регрессионный терапевт. Она работает в Женеве, Швейцарии, её язык французский и английский. Она также член *Национальной Гильдии Гипнотерапевтов* и инструктор по гипнозу. Также, она является практикующим терапевтом Ultra Depth®, Рейки и Техники Эмоционального

Освобождения. Для дополнительной информации посетите вебсайты: *www.reincarnation.ch*, *www.tara-hypnotherapy.ch*, and *www.tara-hypnosiscenter.com*.

# 6

# ИСПОЛЬЗОВАНИЕ КРИСТАЛЛОВ В РЕГРЕССИОННОЙ ТЕРАПИИ

## Кристин МакБрайд (Christine McBride)

*Физический мир, мир предметов и материи, ни что иное как информация, содержащаяся в энергии, вибрирующей на разных частотах. Причина того, что мы не видим мир как огромную энергетическую паутину, в том, что она слишком быстро вибрирует. Из-за того, что наши органы чувств работают так медленно, они способны регистрировать только небольшую часть этой энергии и активности, и эти пучки информации становятся «стулом», «моим телом», «водой», и любым другим физическим объектом в видимой вселенной.*

Дипак Чопра

## Введение

Моё первое знакомство с работой с кристаллами началось почти двадцать лет назад, когда мы с мужем были владельцами и управляющими магазина «Разум, Тело и Дух», в ассортименте которого был большой выбор кристаллов. В течение семи лет работы в магазине я давала покупателем консультации по кристаллам. Запросы и интересы покупателей, а также сами кристаллы, побудили меня, насколько было возможно, погрузиться в их изучение посредством книг, семинаров и личного опыта.

В последние годы, после получения квалификации регрессионного терапевта, я стала внедрять различные техники с кристаллами в мою регрессионную работу с клиентами, и я была рада поделиться некоторыми из них с моими коллегами на одном из наших ежегодных собраний. Полученные позитивные отзывы воодушевили меня разработать новые техники, которые впервые публикуются здесь. Я представлю техники с кристаллами, направленные в целом, как на поддержку терапевта, так и клиента до, во время и после регрессионной сессии. А также они могут применяться в других формах терапии.

Но прежде чем начать, я хочу выразить свою благодарность тем Божественным существам, которые очень мне помогли, предоставив большинство информации по техникам с кристаллами, которыми я здесь делюсь. Я также хочу выделить Саймона и Сью Лилли как самых значимых учителей терапии кристаллами, которых я когда либо встречала.[1,2] Их работа послужила вдохновением для Метода Очищения Чакр, который я опишу позже.

Для того, чтобы полностью оценить значение работы с кристаллами в терапии, важно принять во внимание, что *всё является информацией, содержащейся в энергии, вибрирующей на разных частотах.* А так как кристаллы резонируют на определённых частотах, они способны работать с энергиями, подвергаться воздействию от энергий, и проводить множество особых энергий, в зависимости от используемого кристалла или комбинации кристаллов.

Благодаря своей кристаллической решётчатой структуре, кристаллы способны очень хорошо удерживать и излучать сильную и стабильную вибрацию. Это свойство может быть использовано для сброса нестабильного энергетического поля. Эмоциональные и психические расстройства могут быть восстановлены в гармонию и стабильность.

# Подготовка перед Приходом Клиента

Создайте своё собственное пространство света, свободное и очищенное от негативного воздействия. Это касается вашего собственного физического и тонкого энергетического тела, а также комнаты, которую вы будете использовать.

## Повышение Вибрации Терапевта

Регулярные солевые ванны, глубокое дыхание, свежий воздух, естественное освещение и признательность красоте и дарам Матушки Природы – все это помогает повысить вашу вибрацию. А именно:

1. **Дышите.** Глубоким дыханием, поднимая и опуская живот с каждым вдохом и выдохом, мы повышаем уровень нашей вибрации. Особенно необходимо глубоко дышать свежим и чистым воздухом на природе.

2. **Увлажняйте.** Вода является отличным проводником энергии и информации. Если вы хотите, чтобы у вас был хороший поток энергии в вашем энергетическом теле, вы должны увлажнять себя – большинство из нас этого не делают!

3. **Снимайте стресс.** Расслабленный разум и физическое тело обеспечивают оптимальную работу.

4. **Отдыхайте.** Убедитесь, что вы хорошо отдохнули и не суетитесь.

5. **Выбор времени для еды.** Не будьте ни голодными, ни вялыми от тяжёлой пищи.

6. **Очищайтесь.** Очищайте ваше физическое тело, одежду и окружающую среду.

7. **Заземляйтесь и Центрируйтесь.** Зрительно представьте сильное заземление, например, представьте сильные корни или провода света, растущие из ступней ваших ног к центру Земли. На каждом выдохе, концентрируйтесь на усилении потока света из ваших ног вниз через Землю; чувствуйте стабильность и надёжность. На каждом вдохе, концентрируйтесь на усилении потока света, идущего вверх от Земли к вашим ступням – чувствуйте поддержку Земли. В качестве альтернативы, вы можете использовать кристаллы и/или техники *Простукивание* и *Крюки*, описанные ниже.

## Простукивание

Эта техника является одной из самых лучших для центрирования и стабилизирования личных энергий. Её можно делать каждый день, несколько раз в день, пока она не станет второй натурой. Она приводит в баланс все основные энергетические меридианы примерно за 20 минут, а также является одной из простейших и наиболее эффективных техник для поддержания стойкого, сильного и центрированного энергетического поля. Она естественным образом защищает от диссонирующей энергии и снижает вероятность вбирания вами негативной энергии вашего клиента. Также, это очень полезная техника для использования на самом себе или на других во время разочарования, нервозности или необходимости справиться с внезапным шоком.

Наипростейшая процедура заключается в устойчивом, лёгком постукивании в области верхней части грудной клетки, непосредственно, где ключица встречается с грудной костью. Это примерное расположение вилочковой железы, которая имеет важное значение для поддержания баланса тонких энергий в теле. Эффект балансировки длится дольше, если вы приложите ладонь другой руки к пупку. Повторяйте около 20 минут.

## Крюки

В кинезиологии есть полезная техника, которая поможет вам как заземлиться, так и центрироваться, когда ваши энергии рассеяны. Благодаря интегрированию левого и правого полушария мозга, это упражнение снижает замешательство и недостаток координации, а также уменьшает стресс и расстройство. Это упражнение лучше всего выполнять, сидя на стуле (имейте ввиду, если вы левша, вам необходимо выполнять шаги в обратном порядке):

1. Скрестите лодыжки, правую на левую.

2. Скрестите ваши запястья перед собой, правое на левое. Скрестите ладони друг к другу, сцепив пальцы в замок. Теперь, положите ваши руки на колени.

3. Расслабьтесь, закройте глаза и дышите спокойно. Когда вы успокоитесь, может показаться, что ваши чувства и эмоции усиливаются. Это часть процесса освобождения

стресса, поэтому просто позвольте чувствам пройти. Они стихнут.

4. Когда вы почувствуете себя спокойными и восстановленными, расцепите свои руки и распрямите лодыжки.

5. Теперь, поставьте ступни на пол. Расположите свои руки на коленях, касаясь друг друга лишь кончиками пальцем, как будто вы держите в ладонях маленький мячик. Если вы удержите эту позицию в течение пол минуты, пользы будет больше.

## Повышение Вибрации Комнаты

1. Убедитесь, что комната, подушки, одеяла и всё другое, что вы, возможно, будете использовать, физически чистые, что комната комфортно тёплая, и что воздух свежий.

2. Для того, чтобы очистить комнату на тонких уровнях, можно использовать простой и очень эффективный способ, расставив в каждом углу комнаты блюдца с солью. Оставьте их там на ночь, а на следующий день уберите блюдца и выбросите соль. Соль абсорбирует тонкие энергии: тёмные, тяжёлые и токсичные, очищая комнату и делая её легче.

3. Вы сможете ещё больше улучшить уровень вибрации комнаты, медленно обходя и наполняя её чистым звуком Тибетского колокольчика, чаши или цимбалы, вибрирующей вилки или собственного голоса. Обратите особое внимание на углы комнаты и на то место, где обычно сидит клиент.

4. Поместите большой кластер аметиста, желательно, хотя бы 30см в длину, в центре под креслом/диваном, где будет сидеть клиент во время сессии. Если вы пользуетесь массажным столом, поместите аметист на табуретке или на нечто подобном, чтобы приблизить его к клиенту. На каждый угол дивана поместите стоячий мыс прозрачного кварцевого кристалла; эти стоячие мысы (так называются, потому что конец, противоположный естественному острию, был вырезан и сделан гладким, чтобы он мог свободно стоять на прямой поверхности) должны быть минимум 10 см в высоту, идеально – 25 см. Если у вас нет четырёх стоячих кварцевых мысов, вы можете использовать четыре камня прозрачного кварца округлой формы, один на каждый угол дивана. Все вместе эти пять кристаллов создадут решётку энергии света высокой вибрации, у которой есть много преимуществ. Во первых, клиент неосознанно почувствует себя в безопасности и «в надёжных руках» энергетической структуры, которая была создана. Это даст ему возможность легче «отпустить» и более глубоко расслабиться. Во-вторых, это повысит вибрационный уровень внутри и снаружи клиента, что способствует более лёгкому коммуникационному процессу, похожему на модернизацию чьей-то «широкополосной» связи. Это поможет терапевту быть более интуитивным и чувствительным к процессу, и поможет клиенту получить доступ к бессознательным воспоминаниям и руководству высшего уровня разума. Если хотите, можно расставить четыре дополнительных стоячих кварцевых мыса по углам комнаты.

## Подготовка к Клиенту

1. Примите удобное положение и пригласите своих наставников и хранителей, а также любую другую помощь, которую вы бы хотели получить из сферы духов, которая будет полезна вам и вашему клиенту.

2. Направьте ваши мысли на клиента, который должен прийти. Держите его имя у себя в голове, не активизируя никакие предыдущие воспоминания, переживания, ожидания или суждения, которые могли бы у вас о нём быть. Позвольте себе успокоиться, в то время как ваш разум «удерживает» имя клиента, как будто это самый хрупкий и ценный предмет. Когда вы чувствуете и знаете, что готовы (или просто через две-три минуты) действуйте следующим образом:

3. Воспользуйтесь минутой, чтобы настроиться на ваше собственное ощущения «Всего», Божественного, Бога, или любое используемое вами имя. Посвятите себя и всё, что вы делаете со своими кристаллами, Высшему Благу.

# Техники с Кристаллами для Терапевтической Сессии

Различные раскладки кристаллов, описанные здесь, прекрасно работают независимо от того осознают ли клиент или терапевт происходящие энергетические изменения.

# Как Успокоить Клиента во Время Интервью

Если клиент нервничает, ему можно дать подержать округлый камень розового кварца. Однако, некоторые клиенты могут чувствовать себя некомфортно с таким непривычным опытом. В этом случае, проще будет положить розовый кварц на рядом стоящую тумбочку. Так они в ненавязчивой манере смогут получить успокаивающие свойства розового кварца. Для небольшой тумбочки подойдёт розовый кварц примерно размером с грейпфрут.

# Начальная Релаксация

Когда клиент уже готов и лёг на диван, хорошей подготовкой может быть несколько естественных вздохов. Мягко побудите их стать более и более глубокими. Вы можете предложить:

**Теперь, сделайте вдох… и на вашем следующем дыхании вы можете заметить, как ваша грудная клетка поднимается и опускается без каких-либо усилий… с каждым дыханием отпуская всё глубже и глубже… глубже и глубже… вы можете заметить, как ваш живот грациозно поднимается и опускается… хорошее чувство.**

# Заземление

В случае, если клиент слишком погружен в логические рассуждения, помесите конусообразный дымчатый кварц (примерно 5 см в длину), направленный от тела – один под каждую ступню. Усилить этот заземляющий эффект можно, 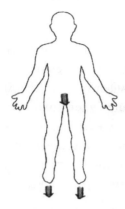 поместив другой дымчатый кварц в районе базовой чакры клиента (если это допустимо), конусом в направлении ног.

Эти кристаллы дымчатого кварца, возможно, придётся передвинуть на более позднем этапе сессии, если применяется телесная терапия или, если клиент погружается слишком глубоко. Например, если во время регрессии клиент делает слишком большие паузы перед ответом на вопрос, убрав кристаллы, он без труда и естественным образом перейдёт в более лёгкий уровень транса.

## Очищение Чакр

Этот метод можно использовать для некоторых или всех семи основных чакр – базовой, сакральной, чакры солнечного сплетения, сердечной, горловой, чакры третьего глаза, венечной:

1. Возьмите кристалл-маятник из прозрачного кварца и воспользуйтесь моментом, чтобы соединиться с ним, как с даром Матушки Земли, как будто вы вновь встретились со старым другом, способного и желающего вам помочь.

2. Посвятите использование маятника «Высшему Благу всех участвующих» или «Великолепию Бога».

3. Чётко установите своё намерение следующим образом (вы можете произнести это вслух или про себя, как на ваш взгляд будет уместно с тем или иным клиентом): «Божественный Разум, наше намерение – расслабить,

преобразовать и освободить то, что причиняет блокировку или дисбаланс в ____ (имя клиента) ____ (указанная чакра), которую можно быстро и безопасно скорректировать в настоящее время».

4. Держите маятник примерно на расстоянии 5 см от заданной чакры и дайте ему свободно двигаться. Когда он остановится, работа на данный момент закончена.

5. Повторите процесс для каждой чакры как описано в пункте 4.

Для более сконцентрированного и мощного процесса можно установить, при помощи маятника или другим способом, какой энергетический слой чакры нарушен - эфирный, эмоциональный, ментальный или духовный слои. Затем повторите вышеописанный метод с более целенаправленным намерением в пункте 3: «Маятник будет двигаться так, чтобы расслабить, преобразовать и освободить что бы то ни было, причиняющее блокировку или дисбаланс в ____ (имя клиента) ____ (заданная чакра) на ____ (заданном уровне), что может быть быстро и безопасно скорректировано в настоящее время». Вы также можете отрегулировать высоту, на которой вы держите маятник над чакрой так, чтобы он находился на определённом уровне ауры.

Этот метод должен очистить от низкочастотных мыслеформ, бестелесных сущностей и других энергетических прикреплений, как например, собственную застрявшую и ограниченную эмоциональную энергию клиента. Это естественный и автоматический процесс, который разворачивается как следствие сильного потока чистого света, созданного движением кристалла-маятника. Эта быстро текущая, высокочастотная энергия способна вытеснить бестелесных сущностей, которые затем естественным образом тянутся к измерению света, который резонируют с их уровнем развития. В противоположность

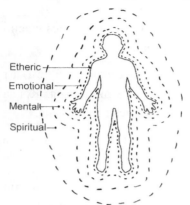

Etheric
Emotional
Mental
Spiritual

относительно скопленной эмоциональной энергии и низкочастотных мыслеформ, свет поднимает их уровень вибрации всё выше и выше до тех пор, пока они не будут преобразованы.

# Сканирование Маятником

Как терапевт, возможно, вы привыкли сканировать энергетическое поле клиента в начале сессии. Можно упростить метод Очищения Чакр, описанный выше, чтобы дать вам возможность сделать быстрое сканирование с помощью маятника. Это может дать большую ясность, нежели чем сканирование только с помощью рук:

1. Возьмите кристалл-маятник из прозрачного кварца и воспользуйтесь моментом, чтобы соединиться с ним, как с даром Матушки Земли, как будто вы вновь встретились со старым другом, способного и желающего вам помочь.

2. Посвятите использование маятника «Высшему Благу всех участвующих» или «Великолепию Бога».

3. Чётко задайте установку, чтобы маятник отклонится от своего движения «туда-сюда», когда обнаружит … (что-либо, ради чего вы сканируете).

4. Держите маятник примерно на расстоянии пяти сантиметров над клиентом и позвольте ему двигаться

самостоятельно. Начните со стоп клиента и постепенно двигайтесь по линии вверх в сторону макушки.

Автор и регрессионный терапевт Ян Лоутон, которого я обучала использовать кристалл-маятник, сообщает о некоторых очень интересных экспериментах с клиентами:

Непосредственно перед любой регрессионной сессией я заземляю себя с помощью Постукивания и Крюков, затем я соединяюсь с кристаллом и энергетически его очищаю. Я нахожу это очень, очень важным, пусть даже это займет всего несколько минут, но четкость нашего намерения является решающей для такого рода интуитивной работы. Я регулярно начинаю регрессионную сессию с очень упрощённого сканирования кристаллом, в дальнейшем использую этот кристалл в качестве маятника для перекрёстной проверки идеомоторных ответов клиентов «да-нет», или для чего-либо другого, что мне необходимо проверить в ходе сессии.

И когда приходит время ввести клиента в транс, исключением является прямой переход с помощью моста, я предлагаю ему немного сбалансировать энергию, делаю установку по инструкции Кристин, обычно проговаривая ее вслух, чтобы клиент понимал, что происходит. Для такого упрощённого сканирования я рассматриваю все энергетические тела как одно целое, продвигаюсь по центральной линии клиента один раз, но, если кристалл по пути много двигается, я могу пройтись ещё пару раз, по одному на каждую сторону.

Лично у меня, кристалл, как правило, продолжает медленно двигаться по линии прохода, но раскачивается более энергично по этой линии только, когда делает работу по балансированию или очищению. Я никогда не перестаю восхищаться, когда он начинает раскачиваться так сильно, что я ощущаю, как хрупкие звенья цепочки дёргают друг за друга, и он раскачиваются до почти горизонтального положения. Моя вера в процесс также усиливается, потому что он всегда начинает своё нежное раскачивание как только приближается к подошвам ног клиента, а потом снова полностью останавливается над его головой.

Но есть исключения. У одного клиента были проблемы с коленями, как выяснилось позже в прошлой жизни он был заключённым, его ноги были скованны, конечно же кристалл стал энергично раскачиваться, как только я поднёс его к ногам. При этом, с другим клиентом, чрезвычайно аналитического склада ума, эта техника удивила тем, что как только я поднёс кристалл к подошвам его ног, он практически подпрыгнул с дивана: «Что за … это было?» - воскликнул он со своим сильным французским акцентом. «Ты как будто сделал мне электрошок!» Зато с этого момента он понял, что имелось ввиду, когда мы разговаривали об «энергиях». Он получил какое-то доказательство, и это очень помогло ему расслабиться в процессе гипноза.

В целом, я считаю, что использование кристалла позволяет мне довольно быстро оценить состояние баланса клиента, хотя, скорее всего, только в отношении к его целям для этой сессии, учитывая намерение, которое я до этого установил. В редких случаях я провожу первую сессию целиком используя только кристалл, особенно, когда он много двигается, и я интуитивно чувствую, что это то, что необходимо, и клиент тут же ощущает пользу.

Чаще, это просто пятиминутная проверка, чтобы увидеть, где мы находимся. Во всяком случае, это также помогает клиенту начать расслабляться, у него всегда есть возможность рассказать о своих ощущениях во время работы кристалла, или же оставить глаза открытыми и наблюдать как кристалл реагирует. Как мне кажется, ещё никто не начинал переход к воспоминаниям о прошлой или текущей жизни сразу со сканирования кристаллом, но интуиция подсказывает, что скорее всего, рано или поздно это случится.

По крайней мере, для меня это является бесценным дополнением к моему терапевтическому инструментарию, и мы все обязаны Кристин за то, что она поделилась с нами этими замечательными техниками. Не лишним будет отметить, что Кристин невероятно одарённая и интуитивная целительница, она помогла мне убрать мои личные разнообразные энергетические блоки.

## Высшая Информация

Если вы хотите усилить связь вашего клиента с «высшей» информацией, можете использовать три округлых камня зелёного авантюрина. Расположите по одному рядом с ушами, а третий - над макушкой. Это особенно полезно, если клиента регрессировали в духовные сферы.

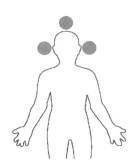

Возможно, в книгах про кристаллы вам встречалась информация, что кристаллы, вибрирующие на достаточно высоких частотах, рекомендуются для доступа к высшей информации. Их хорошо использовать, когда клиент находится в состоянии умиротворения, но мы не должны забывать, что во время регрессии, некоторые клиенты могут находиться в эмоциональном или же в стрессовом состоянии. В таком случае я советую выбрать зелёный авантюрин вибрационный уровень которого для регрессионной сессии является оптимальным.

## Возвращение и Центрирование

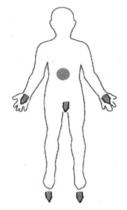

В конце регрессии, если энергии клиента кажутся немного рассеянными, фрагментированными или же не центрированными, может быть полезно поместить округлый камень зелёного авантюрина на его солнечное сплетение, и если необходимо, переставить три конусообразных дымчатых кварца, которые были использованы для заземления (смотрите предыдущую технику). Если сессия была особенно напряженной, поместите дополнительно округлый или конусообразный камень дымчатого кварца в ладони обеих рук (остриём по направлению к пальцам). Подождите пока не увидите, что клиент расслабится, вероятно, после глубокого вздоха, или просто подождите от пяти до десяти минут перед тем, как убрать камни.

Описав в этой главе новые раскладки кристаллов, мне стало интересно испытать их эффект на себе. Вот, что произошло при использовании раскладки на возвращение и центрирование:

Я только что регрессировала в прошлую жизнь, в которой я была командиром. Первое, что меня впечатлило - запах поля боя после сражения, я была окружена мёртвыми телами большинства моих солдат. В конце той жизни я не покинула моё физическое тело, я была предана солдатам, находившихся под моим командованием, и моя верность требовала от меня никогда их не покидать. Меня послали в мир духов договориться с моими людьми, большинство из которых совершили легкий переход в момент смерти и были удивлены, что меня среди них не было!

По возвращению в настоящее время, мне показалось, я чувствовала себя совершенно нормально. Из любопытства я попросила мою коллегу расставить вокруг меня кристаллы по схеме «возвращения и центрирования». Когда это расположение стало естественным образом взаимодействовать с моим энергетическим полем, чтобы привести к балансу и гармонии, я осознала, что моё поле намного шире, чем обычно, и значительно растянуто в правую сторону. Для моей ежедневной нормальной активности кристаллам потребовалось несколько минут, чтобы скорректировать этот дисбаланс, восстановить симметрию в моей ауре, уменьшив ее до идеального размера.

В течение последующих двух-трёх минут поток энергии в моём центральном канале (вертикальный поток энергии параллельно позвоночнику, который соединяет все чакры) вернулся в состояние баланса в моих личных чакрах, так как до этого я находилась существенно вне тела. После того, как это «возвращение в центр» было завершено, преобразование в моей ауре продолжилось с запечатывания и балансирования моей чакры солнечного сплетения таким образом, чтобы поток энергии в моём центральном канале стал сильным и энергичным. Впоследствии, я почувствовала себя гораздо стабильнее и сосредоточеннее, и удивилась, что я не почувствовала, насколько сильным был дисбаланс в конце регрессии.

# Успокоение и Смягчение

После терапевтической сессии поток энергии/света в ауре

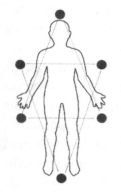

клиента может быть несбалансированным и беспокойным. Такое расположение кристаллов позволит сбалансировать, успокоить и смягчить поток энергии и «запечатать» ауру.

Расположите шесть округлых камней аметиста вокруг тела клиента в форме шестиконечной звезды. Камни должны находиться на расстоянии примерно от пяти до пятнадцати сантиметров от тела,

один – над макушкой головы, один – под ступнями, два – с правой стороны тела и два – с левой, равномерно расположенные. Оставьте их на пять минут, или на столько, насколько вам кажется уместным.

Можно усилить этот успокаивающий и смягчающий эффект, заменив аметисты шестью округлыми камнями зелёного авантюрина, расположенных точно также. Снова оставьте на пять минут или следуйте своей интуиции. Убедитесь, что ваш клиент выпил немного воды после использования кристаллов, это помогает течению энергии на всех уровнях. Вот например, как эти последние две схемы подействовали на клиента в момент регрессии.

Роберта регрессировали в прошлую жизнь полную печали и сожаления, там он был угнетённой женщиной-рабыней. Сразу же после регрессии я спросила его, как он себя чувствовал, и он сказал, что в порядке. Однако, по моему опыту клиенты зачастую находятся в гораздо большем дисбалансе, чем они себе представляют. Я применила к нему схему «возвращения и центрирования», оставив кристаллы на пять минут. Я заметила, что поток света в его центральном канале стал значительно ярче и сильнее. Когда я спросила его, как он теперь себя чувствует, он ответил: «Я снова чувствую себя на своём месте, не таким широко открытым. Действительно заземлённым после этой процедуры».

Я продолжила раскладывать вокруг него кристаллы по схеме «успокоения и смягчения», как было описано выше, вновь оставив их на пять минут. Он почувствовал, как энергия двигается взад-вперёд по его левой стороне, а потом, широко улыбаясь, сообщил, что «чувствует себя великолепно»!

# Интервью перед Уходом

Рекомендуется использовать кристалл из прозрачного кварца (натуральная острая форма предпочтительнее округлого камня), чтобы помочь клиенту интегрировать какие-либо позитивные инсайты, полученные во время регрессии. Особенно важно, чтобы кристалл для этого метода был полностью очищен перед использованием. Затем выполните следующие действия.

1. Проясните способности, инсайты или уроки, которые клиент получил благодаря регрессии и которые он хотел бы более глубоко интегрировать. Для того, чтобы убедиться что они ясно и лаконично сформулированы для полного понимания вами и вашим клиентом, попросите его сделать следующее:

2. **Возьмите кристалл в вашу правую руку и поместите его в область вашего сердца. Как вам будет удобно, представьте или создайте намерение, что кристалл и ваш сердечный центр стали как одно целое.**

3. **Обратите внимание на ваши мысли и вспомните первую «способность».** (Это может быть что-то из серии – «Теперь я могу дышать свободно».)

4. **Представьте, что вы отправляете эту информации из вашего разума вниз по правой руке и внутрь кристалла. Таким образом, информация загружается в кристалл для дальнейшего извлечения. После, поток энергии может естественным образом продолжиться в том же направлении, протекая вверх по вашей левой руке и обратно к голове, таким образом, завершая круг. Возможно, будет приятно дать этому потоку энергии свободно течь в течении нескольких минут.**

5. **С каждым вдохом и искренней благодарностью и признательностью представьте, что загруженная в кристалл информация была глубоко в него интегрирована.**

6. Повторите шаги 3, 4 и 5 для оставшихся способностей.

Дальше клиент может забрать кристалл домой и использовать его различными способами (будет полезно дать ему с собой следующие инструкции):

1. Положите его под подушку во время сна (однако, учтите, что для некоторых людей, если это только не совсем маленький кристалл, может быть слишком заряжающим для спокойного ночного сна).

2. Держите его в кармане, или сделайте из него подвеску, чтобы носить возле сердца.

3. Самый мощный способ – сознательно воссоединиться с кристаллом, путём создания спокойного пространства, где вас не побеспокоят. Вы можете зажечь свечку и

пригласить ваших наставников и хранителей. Затем, вам нужно повторить шаг 4 (выше) как раньше. Таким образом, сопутствующая информация, которая уже содержится в сознании, возбуждается и ещё больше усиливается за счёт этого потока резонирующего света.

Использование кварцевого кристалла в таком ключе отлично способствует перепрограммированию мышления. Также, с каждым разом, процесс становится всё более и более эффективным.

# После Сессии

## Очищение Комнаты

После того, как клиент ушёл, можно взять кусочек отполированного или естественно шероховатого селенита, в идеале длиной хотя бы 30 см и где-то 5 см в ширину, чтобы подмести диван, как бы счищая всё, что там осталось. Это довольно распространённый и не очень дорогой кристалл, который наиболее эффективно очистит диван для следующего клиента. Процесс может быть усилен с помощью визуализации, как все энергетические остатки сметаются селенитом в костёр фиолетово-белого света у ножек дивана.

Все кристаллы, которые были использованы во время сессии, должны быть очищены прежде, чем их будут снова использовать. Это необходимо сделать для устранения нежелательной энергии, это так же вернет их в прежнее естественное энергетическое состояние для использования со следующим клиентом, чтобы они не передали никакого дисбаланса или энергетических помех от предыдущего.

# Очищение Кристаллов

Существуют различные методы очищения кристаллов, включая:

- Окуривание шалфеем, душистой зубровкой, кедром, сандалом или другим очищающим дымом. Предпочитаемые сухие травы в окуривающих палочках плотно связаны вместе в пучок, часто размером с морковку. Один конец окуривающего пучка зажигается так, чтобы он дымил ароматным, очищающим дымом. Затем, этот дым раздувается на кристаллы, или их можно подержать под дымом, убедившись, что все стороны очищены. Это хорошо работает и может быть использовано для хрупких кристаллов, которые нельзя помещать в воду или соль, не повредив их. Если ваш окуривающий пучок будет находиться в огнестойкой посудине или в ракушке в форме ушка (традиционный вариант) и вы будете использовать перо или нечто подобное для направления дыма вместо размахивания пучком вокруг, ущерб от искр маловероятен. Этот метод также можно использовать для очищения вашей терапевтической комнаты.

- Для того, чтобы очистить камень с помощью эмоциональной энергии любви, просто возьмите камень в свою руку и направьте на него любовь из своего сердца. Вы можете представить луч нежного розового света, вытекающий из вашего сердца. Главное – чувствовать любовь и проецировать её на камень.

- Маленькие кристаллы можно очищать, оставляя их на большом кристаллическом кластере прозрачного кварца, либо аметиста, или с помощью селенитовой палочки. Желательно, чтобы кончики кластера были направлены в разные стороны, так как считается, что это многочисленные потоки энергии, которые очищают лежащий камень.

- Звучать, звенеть колокольчиком, барабанить, говорить нараспев, а также другие виды очищения звуком также являются эффективными. Маленькие кристаллы можно положить внутрь Тибетской чаши, вызвав звук, сильная вибрация освобождает любую тяжёлую или застрявшую энергию, и возвращает кристалл в его естественное состояние.

- Хорошо очищает кристаллы вода, которым она не причиняет вред, это: прозрачный, розовый и дымчатый кварц, аметист, а также зелёный и жёлтый авантюрин, но не селенит. Самое лучшее, это природный источник или ручей или волны океана, но будьте осторожны, не потеряйте ваши камни! Держать кристалл под проточной водой из под крана также является эффективным.

- Эфирные масла, спреи и цветочные ароматы также могут быть использованы для очищения камней, также как и спреи для очищения ауры, которые можно купить или сделать самим. Для того, чтобы сделать эффективный спрей, возьмите бутылочку для распыления и добавьте в неё, в общей сложности, до пятнадцати капель подходящих чистых эфирных масел. Вы можете взять на выбор: пихту, кедр, розмарин, можжевельник, сандаловое дерево или лаванду. Добавьте чайную ложку водки или что-то похожее, чтобы растворить масла, и заполните остаток водой, распылите на ваши камни, которым не страшна вода. Чтобы спрей стал еще эффективнее, добавьте несколько капель очищающего цветочного аромата, например, «crab apple» из коллекции цветов Баха.

# Техники с Кристаллами для Терапевта

Выберите из следующих техник то, что вам подходит. Чем чаще вы будете использовать кристаллы, тем быстрее и мощнее будет отзываться ваше энергетическое поле.

## Балансирование

1. Сядьте и положите по одному дымчатому кварцу под каждую ногу, а третий под базовую чакру (как описано выше в заземляющей технике).

2. Лягте на спину и положите округлый камень розового кварца на область сердца, и возьмите по одному в каждую руку.

3. После пяти-десяти минут, или как подскажет вам интуиция, уберите камни.

## Очищение

1. Возьмите селенитовую палочку и выметающим движением вниз спереди по телу, с головы до ног, представляйте, что вы отчищаете ауру от какого-либо энергетического мусора.

2. Повторите это всё три раза. В первый раз сметайте примерно на расстоянии от пяти до десяти сантиметров от физического тела, во второй раз отдалите ещё на пять-десять сантиметров, в третий раз - ещё дальше. Таким образом, вы очистите несколько слоёв энергетического поля.

3. Повторите для ауры сзади насколько далеко это возможно. Используйте намерение и визуализацию (или помощника, если физически нет возможности дотянуться по кругу).

## Освящение

1. Поместите шесть, девять или двенадцать (по мере необходимости – большее число камней создаёт больше света) равномерно размещённых округлых камней прозрачного кварца на расстояние пяти-десяти сантиметров от тела.

2. Лягте на спину и положите один жёлтый округлый камень авантюрина на каждую из шести чакр, от базовой до третьего глаза.

3. Дышите глубоко.

4. Через пять-десять минут уберите камни и выпейте воды.

Эффект данной схемы заключается в добавлении к энергетическому полю «нотки» сбалансированной лёгкости. После этого человек может почувствовать себя легко и при этом не вызовет головокружение.

## Очищение Чакр

Следуйте ранее описанным техникам. В случае, если произошло нежеланное энергетическое вторжение, может быть уместным применить комбинацию техник, чтобы очистить ауру от незваных гостей. В дополнение ко всему выше описанному, очень рекомендуются солевые ванны. Соль по свое природе является кристаллической структурой, прекрасным проводником и очень эффективна в очистке ауры от тяжёлой энергии. Положите в ванну две-три горсти морской соли и полежите там около двадцати минут. В некоторых случаях, могут понадобиться несколько солевых ванн, чтобы получить желаемый эффект, но каждая дополнительно смягчит даже самые стойкие энергии, пока вы не достигнете кристально чистой ауры.

# Резюме

Техники с кристаллами, описанные в этой главе, могут быть полезными в самых разнообразных ситуациях и в любых терапевтических сессиях. Простота их использования скрывает в себе огромные преимущества, но всегда действуйте осторожно. Я рекомендую практиковаться на себе или на волонтёре, прежде чем предлагать использовать их клиенту, особенно, если у вас мало опыта в работе с кристаллами, или если попался особенно чувствительный клиент. И всегда помните про необходимость получения разрешения у вашего клиента прежде, чем помещать кристаллы на или вокруг его тела.

# Список Необходимых Покупок

1 кластер аметиста
4 стоячих остроконечных кварца
1 селенитовая палочка
1 кристальный маятник из прозрачного кварца

1 натуральный остроконечный прозрачный кварц

6–12 округлых камней прозрачного кварца

5 дымчатых остроконечных кварцев

6 округлых камней аметиста

6 округлых камней зелёного авантюрина

6 округлых камней жёлтого авантюрина

3 округлых камня розового кварца

Окуривающий пучок или благовоние хорошего качества

Морская соль

# Об Авторе

**Кристин МакБрайд (Christine McBride)** BEd, BA, Dip RT

Она работала с кристаллами и практиковала другие терапии в течение почти двадцати лет. Её обучающие классы по терапии кристаллами готовят учеников способных управлять мощными техниками, легко и уверенно создавать позитивные изменения, включая даузинг и работу с чакрами, меридианами, кристаллическими палочками и маятниками, её классы второго и третьего уровня включают интуитивные знания, которые больше нигде не доступны. Для дополнительной информации посетите её вебсайт: *www.christinemcbride.co.uk* или свяжитесь с ней по имейлу: *mcbridechristine@aol.com*.

# Литература

1. Lilly, Simon. *Illustrated Elements of Crystal Healing.* Element Books 2002.
2. Lilly, Simon and Sue. *Crystal Healing.* Watkins Publishing 2010.

# 7

# ПОМОЩЬ КЛИЕНТУ ОСОЗНАТЬ СВОЙ ВНУТРЕННИЙ ПОТЕНЦИАЛ

## Крис Хэнсон (Chris Hanson)

*Величайшее добро, которое ты можешь сделать для другого, это не просто поделиться с ним своими богатствами, но и открыть для него его собственные богатства.*

Бенджамин Дизраэли

## Введение

С тех пор, как в 1990 я закончила своё обучение по клинической гипнотерапии, я стремилась не только помочь моим клиентам с их существующими проблемами, но и помочь им осознать свой внутренний потенциал, по-возможности научив их техниками самопомощи. Теперь, став квалифицированным регрессионным терапевтом, я по-прежнему хочу включить техники самопомощи в регрессионные сессии, где это возможно.

Одна из техник, которая на мой взгляд является исключительно полезной, заключается в установке ключевого слова на выбор клиента, чтобы заякорить необходимую глубину гипноза в регрессионной работе, а также для личного использования в медитации. Другие техники – это адаптации широко известной сейчас «техники движения глаз» для уравновешивания эмоций под названием «выстукивание», а также техника, направленная на привнесение позитивных эмоций, под названием «простукивание».

# Создание Мощных Трансовых Якорей

Многие гипнотерапевты используют в своей практике технику якорения глубины транса. Тренинг Джеймса Р. Рэйми по Ультра Глубоким Состояниям Гипноза (Ultra Depth$^{TM)}$ научил меня достигать этого состояния наиболее действенным способом. Рассмотрим как он может быть использован в регрессионных сессиях. Одним из самых важных критериев удачной сессии регрессии в «жизнь между жизнями» (ЖМЖ) является способность терапевта погрузить своих клиентов в необходимый глубокий гипнотический транс, а затем поддерживать их на этом уровне в течение сессии, что часто может длиться дольше трёх часов. Само действие разговора может иногда снижать глубину транса клиента, и в случае необходимого перерыва в туалет, терапевт должен убедиться, что он способен быстро вернуть клиента на тот же глубокий уровень гипноза. Из-за этого многие регрессионные терапевты жизни между жизнями настаивают на хотя бы одной предварительной сессии с клиентом перед основной сессией жизни-между-жизнями, чтобы выяснить есть ли у него какие-либо проблемы или блоки, которые необходимо разрешить в первую очередь, и убедиться, что никаких проблем при погружении клиента на необходимый уровень глубины транса и его там не возникнет.

Именно в ходе таких предварительных сессий я часто находила весьма полезным погрузить моих клиентов в глубокий транс и внедрить ими выбранное ключевое слово, которое затем может быть использовано для введения клиента в глубокий транс и удержания его на необходимом уровне в последующих сессиях. Это ключевое слово также может быть использовано клиентами лично, когда они этого захотят для погружения в самогипноз в не регрессионных целях — короткий сон, медитация, общая релаксация, справиться с тревогой и стрессом, бессонница и так далее. Для того, чтобы предотвратить нечаянное самопогружение, требуются четкие инструкции для установки ключевого слова, акцент делается на его эффективность только в случаях самогипноза, когда это необходимо и безопасно, и что клиент будет находиться в гипнозе столько сколько ему хочется. Обычно, я говорю своим клиентам, мысленно установить себе ограничение по времени для пребывания в самогипнозе, а так же придумать слово для выхода из транса. В действительности, я на собственном опыте убедилась, что внутренние часы нашего тела настолько эффективны, что чаще всего в слове для выхода нет необходимости. Его можно использовать, если, например, необходимо очень быстро вывести клиента из глубоко транса.

Вам решать, насколько глубоко вы введёте клиента в гипноз перед установкой его ключевого слова. Если вы хотите ввести его в настоящий сомнамбулизм, то обычно ему понадобится какая-то подготовка. Получая подтверждения от моих клиентов о том, что они успешно погрузились в гипноз, несколько раз прослушав CD с постепенной релаксацией, которую я всегда высылаю, убеждает меня, что у них не будет никаких проблем в достижении необходимой глубины транса. Другая мера предосторожности в работе с клиентом - проведение упражнений в начале сессии на внушаемость или пре-индукцию, которые необходимо проводить, если вы решили применить быструю или спонтанную индукцию (для более подробной информации по этим техникам смотрите главу 5).

Если вы намереваетесь достигнуть настоящего сомнамбулизма, сделайте тест на амнезию в соответствии с примечаниями ниже, хотя такой глубокий уровень транса редко используется. Чаще, для регрессионной работы жизни между жизнями, адекватным считается уровень транса ненамного выше реального сомнамбулизма, и ещё более низкий уровень для регрессионной терапии.

Следующие пункты для установки ключевого слова клиента были адаптированы мною после посещения обучающей программы Джеймса Р. Рэйми Ultra Depth[TM] в Институте Клинического Гипноза:[1]

1. Попросите вашего клиента выбрать ключевое слово, которое вы установите для глубокого гипноза/самогипноза, и ещё одно ключевое слово для выхода из гипноза. Запишите их!

2. Для погружения клиента в глубокую релаксацию используйте индукцию на ваш выбор. Это может быть ваша любимая индукция прогрессивной релаксации, или быстрая индукция.

3. Вы можете использовать любую технику углубления транса, как например, счёт от 1 до 10. Или вы можете считать от 1 до 5, приказывая клиентам всё больше расслабляться с каждым счётом, затем считайте от 1 до 5,

приказывая им удвоить свою релаксацию с каждым счётом, и в конце, считайте от 1 до 5, приказывая им утроить свою релаксацию с каждым счётом.

4. Используйте технику углубления транса тяжести руки. Скажите вашему клиенты: **«Сейчас я подниму вашу левую/правую руку»**. Затем медленно покружите её в горизонтальной плоскости, чтобы проверить насколько он расслаблен. Если вы чувствуете, что он вам активно помогает и, следственно, не достаточно расслаблен, попросите его, чтобы он полностью позволил вам поднимать его руку, и попросите его почувствовать, что его рука стала «тяжёлой как свинец». Когда вы почувствуете, что его рука расслабилась, скажите: **«Когда я уроню вашу руку вам на колени, вы сможете позволить себе погрузиться в 10 раз глубже… в 10 раз глубже в удобное, расслабленное состояние… в 10 раз глубже расслабиться»**. Затем, уроните его руку, чтобы проверить, что она действительно падает как мёртвый груз. Повторите с другой рукой.

5. Установите ключевые слова «глубоко расслабьтесь»: **«Всякий раз когда я произнесу вам слова ГЛУБОКО РАССЛАБЬТЕСЬ, я хочу, чтобы вы сразу же закрыли свои глаза … и довольно автоматически, даже не думая об этом, позволили себе расслабиться … вернуться в это уютное состояние, в котором вы сейчас … каждый раз позволяя себе погружаться всё глубже … каждый раз наслаждаясь всё больше и больше … убеждаясь, что вы точно следуете моей инструкции … и чувствуя себя прекрасно во всех отношениях»**. Повторите эту же инструкцию для закрепления.

6. Разделите процесс на части, выводя клиента из транса

и снова вводя в транс, с каждым разом погружая его всё глубже. Скажите: **«Сейчас я начну счет с 3 до 1, чтобы вывести вас из транса… и на счёт 1, не раньше, вы откроете свои глаза. Итак, 3, медленно выходим … 2, выходим всё больше и больше … 1, глаза открыты, вы чувствуете себя прекрасно и фантастически во всех отношениях. Теперь закройте ваши глаза** (используйте жест движения руки вниз) **и ГЛУБОКО РАССЛАБЬТЕСЬ … ГЛУБОКО РАССЛАБЬТЕСЬ … просто утопая вниз … свободно … мягко … и расслабленно».** (Заметьте, что временный вывод клиентов из транса избегает слов «энергичный» и «бодрый» до тех пор пока, вы окончательно их не выведите из транса). После этого используйте технику углубления транса тяжести руки с обеими руками. Затем полностью повторите процедуру разделения ещё дважды.

7. После третьей фазы разделения используйте технику углубления транса со счётом от 1 до 10, удваивая релаксацию на каждом счёте.

8. Теперь, если хотите, можете сделать тест на амнезию, используя ваш любимый метод. Например, вы можете сказать: **«Вы теперь настолько расслаблены … что время вам абсолютно не важно … вам просто всё равно, который сейчас час … или даже какой сегодня день … это вам неважно … вы ЗАБУДЕТЕ какой сегодня день … вы ЗАБУДЕТЕ какой сегодня день … теперь попробуйте вспомнить, какой сегодня день … и, если вы на самом деле расслаблены … вы обнаружите, что чем сильнее вы стараетесь … тем меньше вы можете вспомнить».**

Или вы можете сказать: **«Сейчас я возьму вашу руку ... и на счёт три я просто дам ей упасть вам на колени ... как только она коснётся ваших колен ... вы заметите, что вы так глубоко погружаетесь в релаксацию ... что ваше собственное имя вылетит у вас из головы ... вы не сможете вспомнить своё имя ... как только рука коснётся колен ... вы не сможете вспомнить своё имя ... потому что оно полностью исчезнет ... полностью сотрётся из сознания ... готовы, сейчас, 1 ...** (нежно потрясите руку клиента) **2 ...** (снова нежно потрясите руку клиента) **3 ... исчезло!** Уроните руку клиента ему на колени и тут же скажите: **Так, как вы говорили, ваше имя?»**.

Если клиент попытается вспомнить дату или своё имя, но не может, у него/неё теперь гипнотическая амнезия, что подтверждает, что он/она пребывает в сомнамбулизме. Сразу скажите, не дожидаясь слишком долго: «Хорошо, перестаньте пытаться вспомнить и просто ГЛУБОКО РАССЛАБЬТЕСЬ». Если вы хотите, чтобы клиент достиг состояния настоящего сомнамбулизма, а он всё ещё может вспомнить дату или своё имя, тогда вам необходимо ещё сильнее погрузить в транс прежде, чем проверять на амнезию. Не забудьте отменить амнезию словами: **«Теперь вы очень чётко и с лёгкостью можете вспомнить, какой сегодня день/ваше имя ... так как оно очень чётко и ясно находится в вашем сознании»**.

9. Теперь установите выбранное клиентом ключевое слово: **Всякий раз, когда я произношу слово \_\_\_\_ или вы сами себе произносите слово \_\_\_\_ ...**

практически автоматически, даже не задумываясь об этом, без сомнения и промедления, просто закройте ваши глаза ... и позвольте своему сознанию и телу тотчас же вернуться ... обратно в то же самое комфортное состояние, которым вы наслаждаетесь сейчас ... Повторите ещё два раза. Так будет сегодня ... и каждый день ... на всю вашу оставшуюся жизнь ... или до тех пор, как вы захотите ... до тех пор, пока вам безопасно это делать ... сейчас \_\_\_\_... \_\_\_\_... \_\_\_\_.

10. Выведите клиента из транса, счетом от 3 до 1, затем проверьте их углубляющее ключевое слово, возвращая из и вводя обратно в транс. Скажите: «**Сейчас я буду считать от 3 до 1, чтобы вывести вас из транса ... и на счёт 1, не раньше, глаза откроются ... теперь 3 ... медленно и постепенно выходите ... 2 ... выходите всё больше и больше ... 1 ... глаза открыты, чувствуете себя прекрасно и фантастически во всех отношениях ... теперь \_\_\_\_**». Воспользуйтесь жестом руки, чтобы напомнить клиенту закрыть глаза, затем подождите хотя бы 20 секунд, пока он погружает себя обратно. «**Вот так, погружаясь всё глубже и глубже ... свободно ... мягко ... и лениво ... такое комфортное ощущение ... такое расслабленное**». Повторите ещё два раза, выводя клиента из транса каждый раз, а потом произнося ключевое слово, чтобы погрузить обратно, и добавив несколько фраз для углубления.

11. «Глубоко расслабьтесь» было использовано, чтобы углубить транс с помощью процесса разделения, и скорее всего не заякорило никакой определённой глубины транса, поэтому его лучше всего убрать.

После использования ключевого слова в третий раз и поощряя клиента погрузиться глубже, как ранее, уберите его, сказав: **«Каждый раз, когда я буду говорить вам фразу ГЛУБОКО РАССЛАБЬТЕСЬ, она совсем не будут иметь никакого значения... Каждый раз, когда я буду говорить вам фразу ГЛУБОКО РАССЛАБЬТЕСЬ, она совсем не будет означать для вас ничего особенного»**.

12. Сосчитайте от 5 до 1, чтобы вывести клиента из транса и спросите его о самочувствии. Затем произнесите его углубляющее ключевое слово и снова погрузите его, таким образом в программу заложится выбранное им ключевое слово: **«Каждый раз, когда вы снова будете находиться в состоянии релаксации ... похожее на то, в каком вы находитесь сейчас, или даже глубже ... и я скажу вам ... или вы скажите сами себе ... слово \_\_\_\_ ... оно будет означать для вас тоже самое, как если бы я сосчитал от 5 до 1 ... вы вернётесь к полному бодрствованию ... чувствуя себя отдохнувшим ... чувствуя себя прекрасно во всех отношениях ... и так будет сегодня ... и каждый день ... в течение всей вашей оставшейся жизни ... или так долго, как вы того пожелаете ... это произойдёт из того уровня релаксации, в котором вы сейчас находитесь ... и из любого другого уровня, который вы переживаете в это время ... сейчас \_\_\_\_... \_\_\_...  \_\_\_\_»**. Проверьте, что клиент открыл глаза и находится в полном бодрствовании. Если нет, то целиком повторите этот пункт более громким голосом.

Вот несколько примеров преимущества использования этих техник якорения на практике:

Питер записался ко мне на регрессионную сессию ЖМЖ, поэтому я отправила ему для прослушивания CD, и попросила его прийти ко мне на предварительную сессию, так как он никогда раньше не был на регрессии в прошлую жизнь. Ранее, он с успехом бросил курить с помощью гипноза, и пре-гипнотические упражнения выявили, что он очень внушаем. Во время интервью выяснилось, что у него было несколько проблем, связанных со стрессом и верой в себя, которые необходимо было проработать перед регрессией в жизнь между жизнями, и что в целом могут потребоваться три сессии. Исходя из этого, вначале первой терапевтической сессии я установила как выбранное Питером слово-углубление, так и слово для выхода, для экономии времени на погружение в глубокий гипноз при последующих сессиях. Питер также сможет использовать своё ключевое слово дома, стабилизируя внутренний баланс, когда он чувствует стресс. Я также объяснила ему, как можно взбодриться используя своё слово-выход, если в течение дня он в какой-то момент почувствует себя уставшим.

Кэрол, молодая женщина, которая хотела регрессию ЖМЖ, записалась ко мне на две сессии на два дня подряд. Она была отличным субъектом для гипноза без каких-либо проблем, требующих разрешения, но её беспокоил цистит, требующий частых визитов в туалет. По этой причине, в течение первой сессии я решила установить ключевое слово для глубокого гипноза перед тем, как продолжить с регрессией в прошлую жизнь, чтобы я смогла погрузить Кэрол обратно в гипноз после каждого перерыва в туалет. Это очень помогло во время регрессии, так как понадобилось четыре таких перерыва!

# Уравновешивание Эмоций - Выстукивание

Другие техники, которые я использую во время регрессионных сессий, происходят из терапии под названием «Десенсибилизация и переработка движением глаз» (ДПДГ). Этот процесс был разработан психологом Френсин Шапиро, старшим научным сотрудником Исследовательского Института Психиатрии в Пало-Альто в Калифорнии.[2]

Одним ветреным днём в 1987 году Френсин прогуливалась по парку в тяжелом раздумье, ее внимание привлекли падающие листья. Возвращаясь, она с удивлением обнаружила, что беспокоившие её мысли исчезли, и не несли больше того эмоционального заряда. Она предположила, что это произошло из-за движения глаз, которое она невольно совершала во время своей прогулки. Френсис продолжила эксперимент на волонтёрах, чтобы посмотреть, если она сможет воспроизвести эффект, который она испытала лично. Получив положительные результаты, она продолжила разрабатывать технику, которая была успешно испытана на ветеранах войны во Вьетнаме, переживающими посттравматическое стрессовое расстройство, а также на других людях, страдающих от тяжёлой травмы. Инструктируя травмированных волонтёров быстро двигать глазами из стороны в сторону, визуализируя вызывающие беспокойство события или вновь вызывая травматические воспоминания, всё больше понижало беспокойство, связанное с воспоминаниями.

Со временем было обнаружено, что другие формы двусторонней стимуляции так же эффективны, например, попеременное постукивание слева-справа, слева-справа по разным частям тела, или использование звуков попеременно слева и справа головы. Таким образом, эффективность процедуры была не просто результатом быстрого движения глаз, похожее на то что мы испытываем когда спим, как вначале предполагалось.

Все же до конца остается не выясненным как работает ДПДГ, хотя Доктор Шапиро сформулировала теорию под называнием «Обрабатывание Адаптивной Информации», чтобы объяснить происходящее. Сознание не изменяет травматическое воспоминание в лучшую сторону, а оставляет в раздробленной форме, приводя к симптомам, мешающим в повседневной жизни. Замечено, если попросить человека с травматическим воспоминанием изо всех сил сконцентрироваться на нем, задействовав все свои органы чувств, и применить поочерёдную двустороннюю стимуляцию, то активируется его естественная система переработки информации. Это свободно-ассоциативный процесс активизирующий левое и правое полушарие мозга, влияет на физическое хранение раздробленного травматического воспоминания таким образом, что оно больше не причиняет беспокойства.

Во время терапевтической сессии, чтобы помочь переработке воспоминания, двусторонняя стимуляция продолжается несколько циклов, каждый цикл длится от трех минут или дольше с соблюдением определённых стандартных протоколов. Доктор Шапиро использует восьми ступенчатый процесс. Обычно квалифицированный терапевт проводит несколько сессий, прислушиваясь к требованиям клиента.

Существует сокращённая форма ДПДГ, которая просто называется ЕМТ (Eye Moving Technique - «Техника Движения Глаз»), разработанная Фредом Фридбергом. Её применяют терапевты незнакомые целиком с протоколами ДПДГ, также терапевты могут обучать ей своих клиентов для безопасного использования дома в целях самопомощи. Это упрощённая версия может использоваться для снятия каждодневных стрессов, разрешения эмоциональных конфликтов и даже для борьбы с бессонницей.

EMT является достаточно простой техникой и заключается в попеременном постукивании себя пальцами слева и справа с частотой два удара в секунду в течение цикла, длящегося примерно по три минуты. Клиента можно обучить самому постукивать по своим бёдрам или, с его разрешения, вы можете постукивать тыльную часть рук или его плечи – одно постукивание слева, быстро сменяется одним постукиванием справа, повторяющиеся на протяжении цикла. Если после трёх циклов постукивания улучшения не наблюдается, то можно ввести цикл движений глаз.

Процедура, которую я использую, полностью описана в книге Фридберга:[3]

1.  Попросите клиента закрыть глаза и сконцентрироваться на каком-то стрессовом образе, чувстве или мысли, и дать оценку их суровости по шкале от 0 до 10 (где 10 означает наибольший стресс).

2.  В то время как клиент концентрируется на стрессе, попросите его обратить внимание на любые связанные с этим физические ощущения – головная боль, сжатые челюсти, неприятные ощущения в животе, быстрое сердцебиение, потливость, любое общее физическое напряжение.

3.  Проинструктируйте его начать попеременное постукивание по своим бёдрам, пусть палец правой руки постукивает по правому бедру, потом по левому бедру, потом снова по правому и так далее, два постукивания в секунду в течение трёх минут. Сколько пальцев задействует ли клиент для постукивания не имеет

значения.

4. Попросите клиента снова оценить уровень стресса после глубокого вдоха.

5. Если его сила ослабевает, продолжайте проводить дальнейшие циклы постукивания до тех пор пока не будет достигнута оценка 1 или 0. Если возникли новые напряженные состояния, то можно опять попытаться устранить их с помощью простукивания.

6. Если сила не ослабевает, попросите клиента сделать 25-30 быстрых движений глазами из стороны в сторону, следуя за вашими пальцами. (Скажите клиенту, что когда он будет делать движения глазами самостоятельно в домашних условиях, пусть выберет подходящий предмет для концентрации в самом крайнем левом поле зрения и другой в самом крайнем правом, а затем попеременно смотреть то на один, то на другой.)

7. Если после двух циклов быстрых движений глазами наблюдается улучшение, продолжайте до достижения оценки 1 или 0.

8. Если улучшения нет, попросите клиента сфокусироваться на каком-либо физическом ощущении, связанного со стрессом, потом сделать глубокий вдох и повторить циклы постукивания пальцами.

9. Если всё ещё нет изменений, попросите клиента сделать два цикла движений глазами во время концентрации на физических ощущениях.

10. Если клиент так и не достиг улучшения, примените фразу «релакс». Попросите его сказать про себя длинное «реее», когда он вдыхает, и длинное «лааакс», когда он выдыхает, совместите это с постукиванием в течение

трёх или более минут, остановитесь, если одолевают какие-либо негативные мысли.

11. Отметьте для себя изменения, которые испытал клиент. Любые позитивные изменения можно «простукать». Это объясняется в следующем разделе.

Когда клиент практикует технику ЕМТ дома, во время простукивания можно применить фразу «релакс» для расслабления, преодоления бессонницы, или уменьшения эмоциональной нагрузки любых внезапно возникших неприятных воспоминаний. В общественном месте клиент также может выполнять эту технику, скрестив руки, как бы обнимая самого себя, и затем постукивая по верхней части рук, или как-бы незаметно постукивая по пальцам ног в ботинках, сидя на полу. Клиенту необходимо подчеркнуть, что практика ЕМТ для самопомощи касается только работы с ежедневными стрессами, тогда как для травматических воспоминаний необходима помощь квалифицированного терапевта (то есть вас)! Для ЕМТ имеются те же самые противопоказания, что и для регрессионной терапии.

Знание ЕМТ может быть полезно для регрессионных терапевтов, когда клиент непредвиденно пришёл на сессию ЖМЖ в стрессовом состоянии, или у него вдруг появились сомнения в его способности погружения в глубокий транс. Например:

Мэри пришла на свою длинную регрессионную сессию ЖМЖ в очень расстроенном состоянии. По пути на сессию она стала свидетелем последствия серьёзной автомобильной аварии на автомагистрали, и простояла в пробке более 45 минут. Перед тем, как начать регрессию, мы смогли ослабить эмоциональное воздействие аварии и возникшее чувство вины из-за опоздания с помощью трёх циклов простукивания ЕМТ и одного цикла использования фразы «релакс». Если бы ЕМТ не было задействовано, эмоциональное состояние Мэри могло стать препятствием к её погружению в глубокий транс, или как-то иначе помешать сессии.

Другой пример касается применения ЕМТ с клиентам во время работы с неразрешёнными проблемами в конце регрессионной сессии:

Несмотря на то, что во время терапевтической сессии с Софи несколько проблем текущей жизни были успешно разрешены, завершающая идеомоторная пальцевая проверка с её Высшим Разумом показала наличие одной проблемы, которая требовала проработки. Она рассказала мне, что это связано с какой-то ссорой с другом. Поскольку до моего следующего клиента оставалось только десять минут, после короткого обсуждения с ней, я провела два раунда постукивания ЕМТ по тыльной стороне рук в то время как она фокусировалась на проблеме своего запроса. Процесс простукивания был направлен на ослабление эмоционального напряжения, вызванного проблемой, а позже мы запланировали дополнительную сессию регрессии для окончательного разрешения оставшейся проблемы.

Если бы я была незнакома с природой неразрешённой проблемы, я бы не стала использовать ЕМТ по окончании сессии, так как это могло бы вызвать травматические воспоминания, а проработка их заняла бы слишком много времени. Поэтому, если вы не знакомы с природой незавершённой проблемы, безопаснее будет обучить клиента постукиванию с использованием «реее-лааакс» фразы, если в период ожидания их следующего приёма возникнут какие-либо беспокоящие мысли или эмоции.

# Интеграция Позитивных Ресурсов – Простукивание

Другая связанная с ДПДГ техника, которую я часто применяю к своим клиентам, называется «простукивание ресурсов». Эта техника была разработана Лорел Парнель (Laurel Parnell) и прекрасно описана в её книге «*Простукивание*» *(Tapping In).*[4] Простукивание ресурсов направлено на подключение к позитивному, целительному источнику для укрепления и интегрирования его в память тела и разума. Чтобы освободившийся поток не попал в обработку, простукивание проводится недолгое время. Производят от шести до двенадцати раундов простукиваний слева направо,——простукивание останавливают, если происходит какое-либо вмешательство негативных воспоминаний или мыслей. Можно очень быстро обучить клиентов этой технике и они могут проводить её дома для реактивации необходимого ресурса. Изначально эта техника простукивания применялась для создания «безопасного места» перед переходом к ДПДГ для переработки/изменения травматических воспоминаний, это оказалось более эффективным, по сравнению с использованием только лишь направленных образов. Парнель ещё больше расширила технику, она включила простукивание многих присущих всем позитивных ресурсов и врождённых качеств и теперь простукивание ресурсов признано отдельным процессом.

В сессиях по регрессии в текущую, прошлую или в жизнь между жизнями, простукивание может быть использовано для подключения к позитивному осмыслению или опыту. Я обучаю своих клиентов как делать простукивание на финальных стадиях интеграции и завершения, вместо того, чтобы задавать им на дом повторение аффирмации, или якорить позитивное чувство или эмоцию. Я обнаружила, что простукивание более эффективно, чем использование традиционного якоря, потому что реальный ритм простукивания способствует не только релаксации и успокоению нервной системы, но, по всей видимости, усиливает активацию мозга, и облегчает хранение и извлечение ресурса.

Например, если у клиента происходит позитивное переживание с его духовным наставником или Старейшинами, если он получает особенные качества от тотемного животного, или если его внутренний ребёнок получает вселяющие уверенность качества и ресурсы - к этому всему можно подключиться. Так же, если после сессии, ему требуется ресурс его «особенного места», к нему также можно подключиться (простукать).

Процедура очень проста, простукивание такое же как для ЕМТ, но используется более медленный ритм и более короткие раунды:

1. Покажите клиенту, как бы вы хотели, чтобы он постукивал, дайте ему потренироваться, чтобы постепенно он привык к необходимому ритму и решил какую часть тела ему удобнее простукивать (то есть, бёдра или руки).

2. Быстро погрузите его в состояние релаксации.

3. Попросите его подумать о выбранном ресурсе.

4. Поощряйте его к подключению воображения насколько необходимо. Важно, чтобы он задействовал все свои органы чувств, чтобы воспоминание/опыт/качество были максимально яркими и ощущались телом.

5. Попросите клиента сказать вам, когда он действительно чувствует, что подключился к позитивному ресурсу,

затем дайте ему инструкцию начать медленное и ритмичное постукивание слева направо, в течение одного раунда от шести до двенадцати попеременных постукиваний. Побудите его сконцентрироваться на позитивных чувствах и пусть он позволит им вырасти, но предупредите его остановиться, если начнут появляться какие-либо негативные чувства или мысли.

6. Если ресурс укрепляется после одного цикла шести-двенадцати постукиваний слева направо, клиента можно побудить продолжить постукивания ещё несколько раундов, чтобы действительно его закрепить.

7. Если клиент хочет, можно выбрать сигнальное слово для быстрого доступа к ресурсу (например «наставник» или «безопасное место»), тогда клиент может подключиться через слово.

8. Верните клиента в «здесь и сейчас» и объясните, что всякий раз, когда он ощущает необходимость получить доступ к ресурсу, к которому он только что подключался (простукал), ему нужно будет закрыть глаза, представить свой ресурс (и/или произнести своё сигнальное слово), и начать медленно постукивать от шести до двенадцати раз слева направо. Он может дальше продолжить циклы простукивания, пока ощущения остаются позитивными.

Если с клиентом необходимо провести дополнительные сессии регрессии для проработки всё ещё неразрешённых травматических воспоминаний, не забудьте проинструктировать его, что самостоятельно можно делать только очень короткие раунды простукивания ресурса, чтобы не запустить проработку травматических воспоминаний.

Вот несколько примеров, иллюстрирующих преимущества использования техник простукивания на практике:

Петра обратилась ко мне за помощью, чтобы избавиться от своих зависимостей. Мы договорились, что из-за их природы понадобится много сессий на протяжении нескольких недель. Я решила, что регрессия в текущую жизнь и работа с внутренним ребёнком будут весьма полезными для неё, поскольку её детство было несчастливым. Я предупредила ее, что успех придет лишь в том случае, если у неё возникнет эмоциональный ответ к терапии. Таким образом, на первой сессии, я погрузила её в лёгкий транс и попросила найти её собственное безопасное место, где бы она чувствовала себя спокойно, расслабленно и в безопасности. Затем, я попросила её скрестить руки и простукать. Впоследствии, всякий раз, когда она будет чувствовать стресс или тревогу, вместо того, чтобы поддаваться своим зависимостям, она сможет использовать этот ресурс своего безопасного места, полностью подключаясь к нему снова, несколько раз медленно простукав. Во время этой первой сессии также были устранены прикрепления духа, что привело к ощущению гораздо большей лёгкости, о чём она и сообщила.

Во время последующих сессий всякий раз, когда Петра чувствовала себя в состоянии переживать эмоции, мы начинали с регрессионной терапии, медленно исследуя проблемы раннего детства, которые представляли собой источник её зависимостей. Я также показала ей, как безопасно делать «выстукивание» дома, чтобы освободиться от каких-либо чувств вины или стресса, которые могут проявиться и активизировать её зависимость, а также как использовать фразу «рееелаааакс» для помощи с релаксацией и проблемами со сном.

Было невероятно приятно получить сообщение от Петры, в котором говорилось: «Спасибо за последнюю сессию. Я чувствую себя легче, менее тревожно и первый раз за многие годы я спала не просыпаясь, целую ночь после применения простукивания!» В момент написания сообщения, у Петры всё ещё оставались некоторые неразрешенные события из детства, но она стала лучше контролировать свои зависимости, и нашла простукивание очень полезным между терапевтическими сессиями регрессии.

Хлоя пришла ко мне из-за того, что она препятствовала развитию новых отношений. Переместившись в прошлую жизнь она увидела себя молодым влюбленным солдатом, раскрывшим военные тайны своей молодой подружке, проживавшей в том же доме с ним и его товарищами по службе. Старшие военные офицеры узнали, что среди них появился предатель и молодой солдат покончил жизнь самоубийством, уверенный, что офицеры знают, что это был он. Во время трансформации в духовных сферах Хлоя обнаружила, что его подружка никому не выдавала его секретов, и её духовный наставник объяснил ей, что уроки прошлой жизни были о доверии. Она получила послание - доверять своей интуиции, своим чувствам, и учиться чувствовать, что всё в хорошо.

Когда я спросила Хлою, может ли она вспомнить какие-либо случаи из её текущей жизни, когда она знала и чувствовала, что всё идёт так, как надо, она рассказала историю, когда её дочка была младенцем. Тогда я попросила её вспомнить это время и сконцентрироваться на этих чувствах. В тот момент она почувствовала что-то в своём горле, что было похоже на прикрепление духа, и после его удаления необходимо было убедиться, что Хлоя имеет доступ к ресурсу распознавания, что всё идёт хорошо – это необходимо для вступления в будущие открытые отношения, когда она пожелает. Поэтому, я попросила Хлое, скрестить свои руки и осознать те чувства, которые она переживала со своей маленькой дочкой, позволить им усилиться, а затем простучать их.

Я постоянно обнаруживаю, что простукивание ресурса невероятно простая и эффективная техника для якорения и последующего доступа к позитивному опыту, эмоциям и качествам.

# Резюме

Всегда очень полезно включать в регрессионную сессию любые техники, которые клиенты могут потом использовать для самопомощи. К такому роду «инструментов для жизни» можно отнести: внедрение ключевого слова для моментального доступа к глубокому трансу и ресурсное простукивание, они являются для терапевта дополнительными методами и помогают открыть короткий путь в содействии по переработке воспоминаний и эмоций.

# Об Авторе

**Крис Хэнсон (Chris Hanson)** BSc, DHP, MCH, GQHP, Dip RT

В 1971 году Крис получила степень бакалавра по биохимии в области медицины в Университете Лидс. После многочисленных стажировок за рубежом, она получила квалификацию клинического гипнотерапевта в Институте Клинического Гипноза в 1999 году, а семь лет спустя ей присудили титул Мастера Гипнотерапии. Она завершила тренинг Джеймса Рэйми по Ультра Глубоким Состояниям Гипноза (Ultra Depth ™) с ICH в 2000 и расширенный курс по регрессии в прошлую жизнь – в 2001, а также прошла курсы по ДПДГ, ЕМТ и EFT психотерапии и по психологической кинезиологии. В 2006 году Крис стала терапевтом по духовной регрессии в жизнь между жизнями, а в 2010 — регрессионным терапевтом. Она стала сертифицированным тренером *Академии Регрессии в Прошлую Жизнь* в 2012 году. Её частная практика находится в Саррей. Дополнительную информацию вы найдёте на её вебсайте: *www.chrishansonhypnotherapy.com* или вы можете написать ей по электронной почте: *chrisyhanson@hotmail.com*.

# Литература

1. Ассоциация Гипноза Рэйми, website: *www.ultradepth.com*
2. Шапиро Ф. (Shapiro, F.), Ph.D. *Десенсибилизация и Переработка Движением Глаз — Основные Принципы, Протоколы и Процедуры*. The Guildford Press, 2001 (2ое издание).
3. Фридберг Ф. (Friedberg, F.), Ph.D. *Do-It-Yourself Eye Movement Technique for Emotional Healing*, New Harbinger, 2001.
4. Parnell, L., Ph.D. *Tapping In*, Sounds True, 2008.

# 8

# Преодоление Духовного Кризиса

**Джанет Трелоар (Janet Treloar)**

*В любом хаосе – космос, в любом беспорядке – скрытый порядок.*
*Без боли невозможно прийти к сознанию.*
Карл Юнг

## Введение

В молодости духовный кризис произвёл неизгладимый отпечаток на мою жизнь. Он довёл меня до эмоционального исступления и до грани безумия. Несмотря на то, что такого рода переживание может быть очень драматичным и пугающим, если подойти к нему с пониманием и поддержкой, оно может быть глубоко преобразующим, дающим возможность к прорыву, нежели чем к срыву. Станислав и Кристина Гроф - первопроходцы в этой, зачастую, неправильно понимаемой области, использовали термин духовного кризиса, дабы проиллюстрировать как опасность, так и перспективу, свойственные данному состоянию.

Что такое духовный кризис? Во время пробуждения духовного сознания трансформационный процесс может стать настолько драматичным, что становится неуправляемым и достигает точки кризиса, известного как духовный кризис. Его называли *тёмной ночью души, мистическим психозом,* или *кризисом* в шаманском инициировании, или *пробуждением Кундалини.* Внезапное душевное страдание, экстремальные изменённые состояния сознания, хаотичная перегрузка органов чувств, приток непомерной энергии и экстрасенсорное осознание – типичные примеры переломного состояния духовного кризиса. Эпизоды часто связаны с духовными темами, включая такие как эго или психологическая смерть и возрождение, чувства единения со вселенной и природой, и столкновение с различными божественными и мифическими существами.

Духовный кризис является естественным процессом, протекание которого может различаться: он может развиваться постепенно в течение определённого периода времени или спонтанно, после сильного трансцендентального опыта. Зачастую, он протекает плавно, в гармонии с желанием человека, согласно скорости и интенсивности его духовного развития и пробуждения. Его возникновение вызывает осознание глубокой связи с другими людьми, природой и космосом.

Во время эпизода духовного кризиса человек может испытывать что-то или всё из нижеперечисленного:

- Непрерывный поток внутренних переживаний.
- Вызов старым убеждениям и укладам.

- Трудности справляться с требованиями повседневной жизни.
- Трудность в распознавании внутреннего воображаемого мира от повседневной реальности внешнего мира.
- Физическое ощущение мощных энергий проходящих по всему телу.
- Сильное желание рассказать о своих ощущениях.
- Ощущение отрыва от реальности, что ведёт к несвязной или мессианской речи.

Людям в состоянии полностью развившегося кризиса невероятно тяжело самим преодолевать бурю. Им приходится справляться с болезненными, сбивающими с толку переживаниями, не зная когда они появятся вновь, со сложностью их контролирования, сталкиваться с сильнейшим страхом, часто связанным с духовным кризисом. С помощью поддержки, понимания, техник и стратегий кризис может перетечь в более стабильное и контролируемое состояние пробуждения. Тогда процесс исцеления и трансформации может безопасно продолжиться со скоростью и интенсивностью, которые выберет сам человек.

Состояние пробуждения может быть невероятно освобождающим опытом для некоторых. Культурные и социальные предубеждения оспариваются и активно отвергаются. Многие обнаруживают, как превзойти и расти вне своего собственного эго. Во время этого процесса они могут испытать смерть эго и потерю себя, со временем проявляясь сияющими и обновлёнными, выходя за пределы страха в новое место эмоциональной свободы.

Для других – этот опыт как непрекращающийся кошмар. Награда для них просто не достижима, пока они борются со своими переживаниями и основным выживанием, стараясь удержать вместе разум, тело и душу. Когда победа одержана, мир кажется иным. Приоритеты и жизненные обстоятельства изменяются, так как прошлые жизненные устои более не признаются. Трансформация во всех аспектах их жизни может произойти как внешне, так и внутренне. Рассвет сознания, так же, как и рассвет нового дня предвещает новую жизнь, новые переживания и возможности для перемены.

Переход от кризиса к пробуждению позволяет более тонко почувствовать и понять пробуждённое сознание без хаотичной и произвольной природы их предыдущего спонтанного опыта. Теперь они могут безопасно исследовать и активно работать с этим возвышенным и расширенным сознанием, всё это время обучаясь, исцеляясь и развиваясь. Это может быть изумительным путешествием, наполненным смирением. Путь может быть длинным и ухабистым, но горизонт вдали обнадёживает.

# Отношение к Духовному Кризису на Протяжении Веков

На протяжении веков, во многих культурах и религиях, *божественное безумие* было едва ли не переходным обрядом. В дальнейшем, человек получал поддержку от общества и отдельных его членов, прошедших этот путь в прошлом. Они делились опытом, наставляли и поддерживали в течение переходного периода. От поколения к поколению, от учителя к ученику передавался естественный цикл знания. Богатство знания и понимания оказывает поддержку на пути к пробуждению от начала до конца. К тем, кто сталкивался с пробуждением, относились с уважением, любовью и заботой. Их общины понимали, что происходит нечто особенное и преобразовывающее, божественный подарок. Прилагались все усилия, чтобы поддержать человека во время их путешествия, даже праздновали, когда оно завершалось, и радушно принимали их обратно в свои общины. Их признавали как отличающихся от тех, кем они были раньше, и праздновалось их возрождение в мире, как более просвещённые души.

Благодаря науке в последние несколько столетий мир узнал многое о физической природе. Наука и факты идут рука об руку и, по-видимому, недоверие и отрицание тех вещей, которые нельзя доказать научно в лабораторных условиях, стало частью западной культуры. Это включает в себя знание, относящееся к духовному кризису, и соответствующие методы, помогающие душе пройти через него, которые передавались веками. Каждая религия и культура обладают богатым источником знаний, помогающий понять и зафиксировать духовное пробуждение и его переломные моменты. Это получило свое признание даже в искусстве; литературные гении как Шекспир и Вордсворт писали об этом.

К сожалению, из-за схожести симптомов, тем, кто проходят через духовное пробуждение и испытывают переломный момент или духовный кризис, врачи могут поставить неверный диагноз, определить их как страдающие душевным заболеванием или расстройством. Доктора и специалисты работающие в области душевных расстройств в рамках строгого диагностического руководства, изложенного в ДСР (*Диагностическое и Статистическое Руководство по Психическим Расстройствам*), не допускают в диагностике духовного или трансперсонального аспекта, могут легко классифицировать это как психоз, бред или шизофрению, и список продолжается.

Не так давно, проведя многочисленные исследования, американский психолог Дэвид Люкоф добился нового диагноза в ДСР 4 – религиозная или духовная проблема. Возможно со временем, в области психиатрии произойдет важное изменение в восприятии и понимании страдающих и расширит знание о духовном кризисе. Что позволит использовать новые стратегии и планы лечения в рамках психиатрической практики, для облегчения и стабилизации симптомов с минимальным использованием медикаментов и бесполезных позорящих ярлыков.

Планета развивается и мы вместе с ней. Влияние быстрого изменения вибраций скорее всего приведёт к тому, что случаи духовного пробуждения и кризиса станут более заурядными. Как специалистам в области психического здоровья, так и терапевтам необходимо знать, как эффективно помочь тем, кто находится посреди кризиса, позволяя целительному и позитивному процессу преобразования протекать до завершения. Если духовный кризис подавляется с помощью лекарств или недостатка понимания и поддержки, он может затянуться до бесконечности и послужить причиной повышенного риска проблем психического, эмоционального и физического здоровья.

# Причины Духовного Кризиса

Любые из следующих распространённых тем могут со временем или спонтанно привести к духовному кризису:

## Опыт Прошлой Жизни
Не исцелённое и не разрешённое страдание может привести к кризису.

## Прикрепления Духа

Они вмешиваются в энергетическое поле и могут оказывать влияние на хозяина.

## Около-Смертные Опыты (ОСО) и Роды
Переживания новой жизни и смерти соединяют людей со смертностью их физического тела и их способностью перейти за её пределы.

## Изменённые Состояния Сознания, вызванные действием Наркотиков
Расширяющее сознание использование психотропных средств таких, как алкоголь и опиаты, традиционные галлюциногены аборигенских культур, как волшебные грибы, перуанская аяуаска, психоделические наркотики, как ЛСД и ДМТ и рекреационные наркотики, как каннабис (различные усовершенствованные формы и скрещенная марихуана под названием сканк, являются более вероятной причиной возникновения паранойи и кризисного состояния).

## Кризис Развития Экстрасенсорных Способностей
Изменённые состояния сознания (ИСС), Внетелесные Переживания (ВТП), Парапсихологические явления, Ченнелинг, Телепатия, Ясновидение, Способность воспринимать звуки за пределами слышимости (Clairaudience), экстрасенсорное восприятие.

## Духовная Практика и Спонтанный Мистический Опыт
Интенсивное использование духовных или религиозных практик, таких как медитация и молитва. Также пиковые переживания, в которых человек чувствует себя более живым и целым, чем обычно. Это могут быть мистические и божественные переживания, хотя пиковых переживаний

также можно достичь в моменты эмоционального и физического стимулирующего воздействия.

**Пробуждение Кундалини**
Активация спящей энергии *свернувшейся змеи* может привести к экстремальной сенсорной перегрузке, включая физические ощущения, такие как всепоглощающий огонь, сжигающий субъекта.

**Шаманский Кризис**
Во время путешествия в загробный мир, сталкиваясь с неприятными переживаниями смерти и разрушения.

**Смерть Эго и Тёмная Ночь Души**
Растворения и потеря себя, бесконечное душевное страдание, связанное с переживаниями смерти, когда эго умирает и должно произойти возрождение.

**Психологическое Обновление через Центральный Архетип**
Чрезмерная идентификация с силами добра, противостоящих злу, и космическими силами с убеждением, что исход является критичным для мира.

**Похищение Инопланетянами и Близкое Столкновение с НЛО**
Мысли об этом в сочетании со стрессом и, часто, страхом.

**Чрезмерный Стресс, Физический или Эмоциональный Шок или Травма**
Это может привести к спонтанному духовному кризису, так как вскрывается заблокированная энергия.

Одна из причин, по которой духовные кризисы увеличиваются на Западе, связана с повышенным интересом всего мира к духовным традициям. Как следствие люди пытаются сами, без помощи наставления мудрых учителей и безопасной, поддерживающей среды, следовать данным традициям.

# Мистицизм и Психоз

Вопрос, который следует задать – как отличить духовный кризис от психоза? У термина «психоз» нет точного определения, а значит и нет возможности четкого различия. В свое книге *«Неистовый Поиск Себя»*,[1] психиатр и пионер в этой области Станислав Гроф приводит правила и принципы, определяющие когда следует лечить клиента, страдающего симптомами духовного кризиса, а когда направлять к специалисту психического здоровья.

Люди, которые находятся в духовном кризисе, способны рефлексировать и осознают, что изменения в их эмпирическом мире связаны с их собственными глубокими переживаниями, даже, если кажется, что они не в силах их контролировать. Они могут быть сбиты с толку и пребывать в замешательстве, но демонстрируют готовность получить совет и помощь. Например: «Я вижу образы, которые похожи на другую культуру и время, как будто я вновь проживаю их, хотя я и не верю в реинкарнацию. Иногда, я вижу яркие огни и духов, и приведений. Что со мной происходит? Я что схожу с ума?»

Находящиеся в психозе могут страдать от параноидального состояния или галлюцинаций, и действовать, подвергаясь их влиянию. Они не рефлексивны и не допускают совета или терапии, даже, если некоторые аспекты могут быть похожи на духовный кризис. Например: «Мне необходимо передать моё послание населению земли. Я работаю с инопланетянами на корабле-носителе и они отключат все телевизоры, чтобы показать мою программу. Я вчера их навещал и они почти закончили с подготовкой. Я должен спасти мир и никто не может меня в этом переубедить».

Если есть хоть какое-то сомнение, всегда целесообразно перед продолжением заручиться медицинским мнением. Некоторые клиенты могут неохотно делиться своей проблемой со своим доктором, боясь возможного психиатрического ярлыка, лекарств или изоляции. Им может быть неловко и сложно сформулировать то, что они испытывают. Важно, чтобы люди получили надлежащую помощь, а медицинский осмотр устранит возможность органического заболевания, которое, как известно, изменяет сознание. Это может быть: энцефалит, менингит и другие инфекционные заболевания, артериосклероз, височную опухоль, уремию и другие болезни, требующие медицинского лечения. Им также может понадобиться оценка психического здоровья.

# Распознавание Духовного Кризиса

Во время распознавания духовного кризиса и оценивания целесообразности работы с клиентом необходимо соблюдать большую осторожность. Если терапевт не является психиатром или врачом, необходимо удостовериться, что клиент проконсультировался со своим доктором. В книге Грофа *«Безудержный поиск себя»* в качестве отличия духовного кризиса от духовного пробуждения или других трансцендентальных переживаний берутся следующие критерии:

- Глубина и интенсивность переживания, его текучесть и степень функционирования человека в повседневной жизни.

- Их отношение к происходящему. Восприятие процесса как захватывающего и ценного или как пугающего и подавляющего.

- Способность справляться со своей ролью в обществе в целом.

- Степень дискриминации тех, с кем они могут обсудить свои переживания, и слова, которые они для этого используют.

Оценивая пригодность работы с клиентом, необходимо отличать духовный кризис от непосредственно медицинских и душевных заболеваний. Для принятия решения, является ли это духовным кризисом или нет, удобно опираться на следующие признаки:

- Приемлемое психологическое состояние до эпизода.

- Способность рассматривать причины происхождения процесса в своей собственное психике.

- Достаточно ли доверия и взаимопонимания для совместной работы, готовности находится в рамках лечения и следовать основным правилам.

Будьте осторожны или избегайте, если:

- Есть история психологических трудностей и социальной адаптации на протяжение всей жизни.

- Замешательство и плохо организованное изложение переживаний, симптоматика шизофрении, сильные маниакальные элементы, систематическое воображение чего-либо или преследующих голосов, и бред.

# Мой Собственный Духовный Кризис

Я хочу привести мой собственный опыт, чтобы показать, как может выглядеть длительное духовное пробуждение для самого человека и со стороны.

Будучи ребёнком, я росла между двумя мирами, или так мне казалось: один - который могла видеть моя семья, и один, который они не могли видеть. Я чувствовала движение энергии и видела то, что выглядело похожим на другие временные периоды и измерения. В моём доме появлялись духи всех вибрационных уровней и многие хотели выйти на контакт. Моим любимым был эксцентричный дед с цилиндром на голове и с обезьянкой на плече, каждую ночь перед сном он рассказывал мне истории о цирке. Моё первое воспоминание связано с тем, как я стою в кроватке, а элегантно одетая женщина лет 50-ти гулит и успокаивает меня, пока не пришла моя мама. Годы спустя я обнаружила, что по всей видимости она была уже давно умершей родственницей. Я не знаю, когда началось моё духовное пробуждение, поэтому я могу только предполагать, что я такой родилась.

Мое детство кажется было безмятежным – рождённая открытой и понимающей, инстинктивно осознающей, что не существует границ времени, пространства и даже смерти; посвящённая в духовную суть, мудрость загруженная или буквально сброшенная в мой разум, даже если я и не понимала значения или не могла объяснить словами.

Вскоре я поняла, что моя семья не разделяет моего опыта. Я чувствовала себя неловко из-за того, что я была другой и понимала, что что-то не так. Сначала мне говорили, что у меня слишком живое воображение, что я мечтатель, слишком чувствительная или просто глупая. Всё больше и больше я старалась держать свои чувства внутри и открывала только те, которые были драматичными и нельзя было скрыть. К тому времени мои отношения с семьёй сильно ухудшились. Наговаривали, что я всё это придумала, что прикидываюсь ребёнком или дурочкой заставляли меня чувствовать себя ненормальной. Я чувствовала их пренебрежение ко мне, как будто бы видели меня впервые или, того хуже, смотрели на меня с неприязнью и страхом. Оглядываясь назад, я понимаю, что моя семья просто ничего не знала об этих вещах, не хотела поощрять такого рода поведение и полагала, что отрицание является наилучшей тактикой. В особенности потому, что столкнись они с подобного рода подтверждением, это поколебало бы их коренное убеждение и представление об устройстве мира. Они любили меня, но просто не знали, как помочь.

Я выросла, осторожно выверяя баланс между тем, что, на мой взгляд, было *реальным* и что нет. Я старалась жить только в мире, который видели мои друзья и семья, и никому не рассказывала о своих переживаниях, хотя они постепенно становились более частыми и тяжело отличимыми от настоящего мира. Оглядываясь назад, стресс был неизбежен. К девяти или десяти годам я не могла концентрироваться на школьных уроках и мои оценки были ужасающими. Я выдернула себе все ресницы и жила в страхе того, что будет дальше. Чувствовалось, что даже духи отвернулись от меня. Дружелюбных среди них не было, были только те, кто в смятении, которые казались такими же испуганными как я. Невидимые пальцы толкали и тыкали меня, а один даже столкнул меня с лестницы.

Моё пробуждение перетекло в кризис. Мои два мира стали смешиваться в один. Лёжа в кровати с широко открытыми глазами, меня одолевали видения, происходящие в моей комнате – лесной пожар или крушение вертолета, точно такие же кадры показывали в новостях несколько дней спустя. Несмотря на это, я не осознавала, что моя собственная деформированная и бурная энергия стала создавать свой собственный хаос. Я заходила в комнату и предметы начинали трястись и вибрировать, шторы колыхались, хотя окна были плотно закрыты. Достаточно того, что доведённая своими непонятными переживаниями, я стала бояться своей собственной тени, опасаясь за свой рассудок.

В конце концов, я поделилась с подругой, что в моей голове постоянно всплывают имена и даты, и она посоветовала записывать их, даже если они казались случайными и несодержательными. Однажды, в один из дней по почте от дальнего родственника пришло письмо с семейным деревом. В то время как семья разглядывала дерево и прослеживала семейную линию вплоть до 1700 года, я заметила и записала два имени предков и даты их рождения и смерти – Сара, мать, и Ричард, сын. Я могла ясно представить их обоих и даже в деталях описать их семейный дом, поскольку эти видения посещали меня несколько недель. Мой папа нашёл альбом с изображениями и фотографиями их довольно большого фамильного дома. Внезапно мои видения стали реальностью, доказательством того, что это не было игрой моего воображения и это не возможно было отрицать.

Примерно в то же время, я пережила два ужасающих опыта. Первый - когда я почувствовала себя при смерти в кровати, застрявшей в другом измерении и подвергшейся нападению. Я оцепенела от страха, боясь снова заснуть; моя семья тоже была заметно напугана. В это время двоим из них снилось, что мне угрожает надвигающаяся опасность и что они не могут мне помочь. Второй - когда я была у друзей в гостях, и сущность полностью подчинило себе моё тело. Я неподвижно лежала в кровати и не могла двинуться до тех пор, пока энергия некого мужчины не использовала мой голос, чтобы передать послание своей школьной подруге. В свое время он издевался над ней и теперь хотел извиниться до того, как двигаться дальше. Он показывал мне образы своих злодеяний, а у меня не было сил его остановить. Это были видения не для детских глаз, не говоря уже о переживаниях с этим связанных.

Сверхъестественные переживания не ослабевали ни во сне, ни во время бодрствования, ни в одиночестве, ни в компании других людей. Я научилась игнорировать невероятно яркие и интерактивные переживания, во время разговора с семьёй или просмотра телевизора. Со стороны, в буквальном смысле слова, я скорее всего выглядела тихой, нервной и замкнутой в своём собственном внутреннем мире. Внутри же, я отчаянно пыталась быть такой как все. Другой мир, или измерение, по-видимому, наслоилось на мой мир и я, каким-то образом, жила в обоих.

Однажды, я сидела в своей спальне, пытаясь сконцентрироваться на домашней работе, оторвавшись я увидела лес, похожий опыт в меньшей степени у меня был ранее. На этот раз я полностью находилась в лесу. Мой *настоящий* мир растворялся на заднем плане и я почувствовала как во мне болезненно поднимается страх, что я, возможно, больше никогда не вернусь. Я медленно спустилась вниз по лестнице, видя лес, но чувствуя стену и фокусируясь на звуках дома, зная, что они настоящие. Напуганная и уверенная в том, что я окончательно сошла с ума, я сказала маме, что чувствую, что меня необходимо отвезти в ближайшую психиатрическую больницу. Я помню, как чувствовала, что меня необходимо запереть для моей собственной безопасности и безопасности других людей. В этот момент я каким-то образом потеряла себя, потеряла ощущение реальности, рамки и понятия с которыми мы живём в социуме. Надо отдать должное моей маме за то, что она сразу же уловила, насколько я была напугана и согласилась с тем, что ситуацию нельзя было больше игнорировать. Вместо того, чтобы отвести меня к врачу или психиатрическую лечебницу, она отвела меня к 90-летней соседке, очень уважаемому медиуму, которая тепло меня приняла, объяснив, что она ждала этого дня с самого моего рождения.

Понадобилось ещё три месяца, чтобы трансформировать мой духовный кризис в некую более лёгкую форму, чтобы я начала чувствовать себя в большей степени уверенной и могла справляться сама.

Медиум была мудрой и просвещённой душой, она нежно и спокойно объяснила, что на протяжении веков в других культурах и религиях мои переживания считались совершенно нормальными. Она помогла мне понять, чем они являются, почему они происходили со мной, а также основную структуру мира духов и трансцендентность нашего сознания. За многими чашками чая она подтвердила мои переживания, успокоила мою маму и с юмором, теплом и за пределами всей нормальности, поделилась своей проницательностью и мудростью.

Вскоре, она заручилась поддержкой АМВ (Ассоциации Медиумов Великобритании). На собрании в головном офисе группа опытных медиумов подтвердили, что у меня есть дар, но энергетически я была слишком широко открыта. Они вежливо согласились меня обучить. Это было необычно для такой юной как я, но возможно, учитывая мою историю. К моей великой радости я научилась блокировать мой дар и категорически настояла, что я больше не хочу никакого дальнейшего обучения. Они пытались меня переубедить, так как длительное блокирование энергии или любая форма подавления могут быть не здоровыми для разума, тела и души. Я быстро проигнорировала предупреждения, будучи окрылённой моим открытием, что я могу предотвращать эти переживания.

Когда я расслабилась и стала им доверять, они обучили меня многим вещам: упражнениям по медитации, визуализации, блокированию и защите наряду с молитвами с просьбой поддержки. Я делала их утром и вечером, и, наконец, моя энергия и экстрасенсорное восприятие были под контролем. Тем не менее, через лежащий в основе страх я необдуманно создала вокруг моего энергетического поля перманентную, подобно железобетонному блоку ракушку с целью, что ничто не может сквозь неё пройти.

Духовные переживания канули в прошлое. Я чувствовала неизмеримое облегчение и стала обычным подростком. Несмотря на это, я часто плакала по ночам, не понимая причины. Я захлопнула дверь перед той частью моей жизни, исключила её как нечто постыдное и давно минувшее, в чем раскаивалась. Со временем я пыталась убедить себя, что все переживания были выдуманными, и даже пренебрегала часто неопровержимыми доказательствами обратного. Мне необходимо тогда было узнать, кем я была.

В течение следующих нескольких лет разные случаи приводили к сильным графическим переживаниям. Я усиливала уровень моей блокировки и защиты и молилась, чтобы этого больше не повторялось. Я делала вид, что той части моей жизни не существует, игнорировала её вместо того, чтобы поговорить об этих переживаниях с кем-то знающим.

В шестнадцать я ушла из школы. На дворе был 1980 - период подъёма в Лондонском финансовом центре. Я получила работу в ведущем банке и жизнь была прекрасна. Моя обычная жизнь продолжалась следующих два года, пока после продолжительной болезни гриппом у меня не диагностировали Синдром Хронической Усталости (СХУ). Это неописуемое физическое и умственное истощение, которое не так просто проходит после отдыха. На тот момент я чувствовала себя отвратительно и более двух лет страдала от этих симптомов. Оглядываясь назад, переломным моментом стало моё знакомство с альтернативной медициной, когда я стала осознавать застойную природу моей энергии. Существуют случаи, в которых Миологический Энцефаломиелит (МЭ) и СХУ связывают с духовным кризисом. В моём случае, усталость усиливалась моей строгой блокировкой энергии, которая не позволяла ни входу, ни выходу любой свежей энергии. У моей энергии не было никакой отдушины или выражения.

В течение последующих лет сверхъестественные переживания продолжались, что подтолкнуло меня к исследованию, развитию и дальнейшему обучению в качестве регрессионного терапевта нескольких областей, включая энергию, экстрасенсорное развитие, духовное исцеление, ченнелинг, земные энергии и освобождение духа. Это спасло меня от риска повторного попадания в кризисное состояние, а также позволило мне помогать другим. Моя личная метаморфоза многому меня научила – что хорошо работало, что не работало, ловушкам, и необходимой поддержке.

Ко мне все чаще приходили клиенты, проходящие через духовный кризис. Благодаря моему собственному опыту и работе Станислава и Кристины Гроф, я разработала структуру и курс помощи клиентам, испытывающих духовный кризис.

# Техники и Стратегии Преодоления Духовного Кризиса

## Нормализуйте Переживание

Первое – необходимо признать и подтвердить переживания. Многие в кризисе чувствуют, что раньше никто никогда не переживал то, что переживают они. Понимание, что у других людей были подобные переживания во время кризиса, является для них полным утешением. Постоянная поддержка и обсуждение переживаний очень помогает и даёт человеку время на осмысление того, что происходит и почему.

## Прекращение Духовных Практик

Желательно, чтобы клиент прекратил все духовные практики до тех пор, пока его энергия и кризис не будут стабилизированы.

# Устранение Навязчивой Энергии

Проверьте наличие навязчивой энергии и устраните насколько возможно максимально, без сознательного участия клиента. Если клиент находится в нестабильном энергетическом состоянии, я бы посоветовала использовать только интуитивные методы, которые не подразумевают подключения клиента, например, обращение за помощью духовных наставников, а также техника освобождения тёмной энергии, описанная во второй главе. Не пытайтесь поговорить с прикреплением духа через клиента пока он энергетически нестабилен.

# Управление Энергией

В жизни у нас как правило есть определённый режим, который позволяет нашему телу отдохнуть, восстановиться, очиститься, насытиться и защититься от разных элементов. Тоже самое следует делать с нашим энергетическим телом. Несмотря на то, что мы можем не видеть нашу энергию, мы сразу же ощущаем, когда она приходит в дисбаланс, давая ход всякого рода физическому, ментальному и духовному дисбалансу. Энергия постоянно протекает в нас и через нас естественным образом, нуждаясь в тонком балансировании между энергией тела, духовным Я и внешними энергетическими влияниями. Чем больше мы открываемся и пробуждаемся, тем больше мы повышаем нашу чувствительность ко всем энергиям, каждой вибрации, что может слабо или значительно воздействовать на этот деликатный баланс.

Предполагается, что пробуждение и движение к получению более лёгкого энергетического тела происходит по всему миру. Из-за того, что энергетические тела становятся легче, более вероятны энергетические столкновения как с новыми возможностями, так и с ловушками. Возможно, это является другой причиной наблюдаемого роста случаев духовного кризиса.

Управление энергией базируется на заботе и уходе за нашим энергетическим телом. Мы автоматически обращаем внимание на физические нужды нашего тела, поэтому будет вполне логично уделять одинаковый уровень внимания, заботы и уважения нашему энергетическому телу.

Здесь я в основном фокусируюсь на ключевых особенностях заземления и защиты, критически важных слоях стабилизации и оказания помощи при энергетическом кризисе. Очищение, балансировка, исцеление, осознание энергетических центров чакр, а также, как энергетически открываться и закрываться, лежат в других областях управления энергии, с которыми вы, возможно, захотите ознакомиться. В книге Сью Аллена «*Освобождение Духов: Практическое Руководство»*[2] есть отличная глава про управление энергией.

## Заземление

Цель заземления – в прямом смысле, вернуть нас *обратно на землю* с помощью переустановки нашего контакта с землёй и концентрации нашего внимания на настоящем моменте, посредством чего мы возвращаемся в тело. Это помогает нам поддерживать баланс между нашими физическими и духовными телами. Без заземления мы можем чувствовать себя не в контакте и отрешёнными. На мой взгляд, открываясь без заземления вы просто как магнит притягиваете к себе проблемы. Мы проживаем человеческие жизни в физических телах и, соответственно, энергетический баланс необходимо поддерживать как для физического так и для духовного благосостояния.

Заземление по существу связано с ролью корневой чакры, энергетического центра, находящегося в основании позвоночника, который на санскрите называется Муладхара. Через эту чакру протекают энергетические каналы, чтобы заземлять нас, подобно простирающимся вниз корням дерева. Она связана с элементом земли, чувством обоняния, и с функцией выделения. Её задача действовать как барометр и реагировать на любые проблемы, касающиеся нашего выживания, физического здоровья и формы, заземления, стабильности и безопасности. Считается, что при дисбалансе корневой чакры, появляются такие симптомы, как несфокусированный разум, ощущение одурманенности, ментальная летаргия, неспособность сохранять спокойствие и сложность в достижении целей. Очевидно, что при отсутствии заземления, проблемы могут появиться в любой момент. Корневая чакра акцентирует внимание на важность быть заземлёнными в здесь и сейчас.

Возможно, во время выбора и разработки ваших собственных техник заземления вы захотите инкорпорировать аспекты, связанные с корневой чакрой, чтобы дополнить и оказать поддержку процессу заземления. Далее в этой главе я поместила большую часть этих особенностей в предложенные упражнения на заземление.

## Заземление и Духовный Кризис

Для того, чтобы стабилизировать и начать процесс смещения состояния кризиса к пробуждению, заземление является неотъемлемым. Оно является строительными блоками, на которых можно заложить прочный фундамент для выстраивания оставшейся работы.

Во время духовного кризиса энергетическое тело находится в разорванном, неустойчивом состоянии, впитывая и выбрасывая энергию. Чакры или энергетические центры не синхронизированы, корневая чакра, связанная с нашим контактом с землёй, может быть заблокирована или не полностью включена, а коронная чакра на макушке головы, скорее всего, широко открыта. Зачастую, во время кризиса представлен излишек энергии, который ощущается на физическом уровне. Те, кто испытывал эту энергию, описывают ощущение как некая пульсация или интенсивные электрические разряды или толчки, отдающие во всем теле. Энергетическое тело переживает повышенную чувствительность и уязвимость к окружающей среде и навязчивой энергии, подхватывая всякого рода энергетические остатки. Люди становятся очень чувствительными и подверженными влияниям, начиная с электромагнитной радиации компьютеров, мобильных телефонов и линий электропередач и заканчивая остаточной вибрацией предметов. Они могут излишне чувствовать эмоции и мысли других, поскольку являются эпицентром, притягивая энергию в своё собственное энергетическое поле.

В прошлом, многим из нас приходилось переживать более мягкую версию этого явления, например, в толпе людей, в поезде метро, битком наполненным едущими с работы уставшими пассажирами, или в длиной очереди. Вы вдруг замечаете, что стали сильнее, чем раньше, ощущать негативные эмоции, возможно, тревогу или расстройство, и осознаёте, что подключились к коллективному ощущению вокруг вас. Возвращаясь назад к настоящему моменту и заземляя себя, вы сможете быстро стряхнуть с себя это чувство и снова стать собой. Для тех, кто в кризисе, переживание может быть в сотни или даже в тысячи раз интенсивнее и стать абсолютно непреодолимым — потеря ориентации, страх и паника, связанные с бомбардировкой эмоциями других. Если человек не знает, как удерживать и заземлять энергии, цикл будет продолжаться и развиваться естественным образом. Энергетическая защита, о которой я расскажу позднее, играет важную роль в управлении энергией, и идёт рука в об руку с заземлением, чтобы предотвратить большую часть происшествий такого рода. Первым и наиболее критическим шагом является заземление энергии.

Эпизоды духовного кризиса могут быть пугающими и непонятными. Также, они могут включать экстатические и трансцендентальные периоды. В силу этого, мы можем сталкиваться с сопротивлением или внутренним страхом, когда обсуждаем необходимость заземления с кем-то, кто находится в кризисном состоянии. Даже в глубине духовного кризиса клиент может опасаться или не хотеть полностью находиться в своём теле. Это может происходить из-за беспокойства потери редких проблесков и ощущений озарения, или, возможно, он может чувствовать себя небезопасно в своём теле из-за неразрешённой физической травмы, страха или насилия.

Те, кто активно работали над раскрытием своей чувствительности и развитием спящих аспектов своего энергетического тела, как например энергии Кундалини, могут особенно сопротивляться заземлению и сдерживанию своей энергии. В конце концов, это их решение - нельзя никого заземлить против их воли. Хотя, это является главной основой удачной навигации кризиса к пробуждению. Разрешите и успокойте любые страхи, если они появятся, и вместо них направьте внимание клиента на позитивные аспекты и пользу регулярного заземления в долгосрочной перспективе как для его здоровья, так и для качества его работы и безопасного пробуждения в будущем, когда энергетический кризис будет под контролем.

Прежде чем перейти к обсуждению наиболее подходящих упражнений на заземление для тех, кто в кризисе, давайте вначале рассмотрим роль осознанности (майндфулнес) в рамках заземления и почему она является неотъемлемой функцией, обеспечивающей эффективность упражнения, чтобы разум не оставался далеко в другом переживании.

## Майндфулнес

Майндфулнес уходит корнями в Буддистскую философию и является «внимательной осознанностью» реальности настоящего момента. Его простота и эффективность, как инструмента для преодоления многих состояний, позволили ему перейти в современную западную медицину, и на сегодняшний день он используется в системах здравоохранения Англии и США. Совместно с заземлением, майндфулнес может быть невероятно эффективным во многих ситуациях. Его считают особенно полезным во время диссоциации, паники, сильных импульсивных порывах, флэшбеках, сильной тревоги и интенсивного эмоционального расстройства. Поскольку духовный кризис может включать любые или все эти симптомы, включение базовых правил майндфулнесс, значительно улучшит результаты в добавок к изучению техник заземления.

Майндфулнес возможен, когда мы фокусируемся на настоящем, используя наши пять органов чувств, чтобы испытать всё, связанное с моментом, в котором мы прибываем, неважно насколько он обычный или несущественный. Например, во время занятия рутинной работой, как например мойкой машины, при использовании майндфулнес вы фокусируетесь исключительно на задаче.

Все органы чувств вовлечены в настоящий момент и ни о чём другом не думают. Сконцентрируйтесь на температуре мыльной воды; на ощущении, когда передвигаете мокрую губку по машине; как ваши ноги ощущают под собой землю; действия вашего тела в то время, когда вы двигаетесь и растягиваетесь; звуки вокруг вас; запах очищающего средства; даже блеск краски во время того, как вы полируете свою машину. Когда ваше сознание полностью находится в настоящем моменте и все мысли направлены на детали, которые передают ваши органы чувств, вы естественным образом приходите в своё тело, избавляя свой разум от навязчивых мыслей.

В своей книге *«В Случае Духовного Кризиса»*[3] Катерина Люкас (Catherine Lucas) относит майндфулнес к жизненно важному фактору в преодолении её собственного духовного кризиса, который длился многие годы, и советует всем практиковать техники майндфулнес для успешного прохождения через кризис и пробуждение. Она утверждает, что «майндфулнес может облегчить любое испытываемое нами страдание», и считает элементы заземления и работу с сильным страхом самыми важными аспектами майндфулнес, именно, для помощи в преодоления духовного кризиса.

Дальнейшая информация на эту тему и возможные способы внедрения майндфулнес в повседневную жизнь в дополнение к заземлению, вы сможете найти в списке рекомендуемой литературы в конце этой главы.

## Упражнения на Заземление

Я поощряю клиентов включать заземление в их повседневную рутину. Чем чаще они практикуют и используют техники, тем более балансированной и стабильной будет их энергия. Ниже приведены некоторые популярные упражнения на заземление. Я советую клиентам практиковать несколько из них, чтобы у них было из чего выбрать в случае необходимости. Первое упражнение – универсальное и простое.

Встаньте на ноги и по мере того, как вы двигаетесь, сконцентрируйтесь на ощущениях ваших стоп и на земле под вами, как растягиваются и сгибаются стопы и пальцы ног. Пройдитесь и потопайте ногами, если хотите. Задействуйте все ваши органы чувств. Сконцентрируйтесь на земле под ногами, почувствуйте насколько она прочная на ощупь и, пока вы это делаете, несколько раз медленно вдохните и позвольте энергии разлиться вниз по вашему телу. Вы можете это почувствовать или просто создайте намерение, чтобы это произошло. Продолжайте, пока не вернётся ощущение равновесия. Сначала это может занять несколько минут, но с практикой время сократиться до секунд.

Для тех, кто находится в разгаре кризиса, добавьте к этому освобождение излишней энергии или эмоций вниз через тело и стопы наружу. Можно произносить вслух или про себя поощряющие слова, например, как **освободите, освободите, освободите**, чтобы помочь процессу. Так же как и через ноги, энергию можно рассеять через ладони ваших рук, тоже прислонив их к земле.

Это упражнение можно выполнять где угодно, хотя в случае кризиса полезно выйти на улицу и быть на природе, заземляясь и освобождая энергию непосредственно в саму землю.

По необходимости можно добавлять любые из следующих способов. Для разнообразия и адаптации, я включила упражнения, которые задействуют каждое из чувств как средство заземления.

**Физическое**

- Похлопайте ваши конечности. Это соединяет с каналами меридиан и является очень центрирующим упражнением. Похлопайте ваши руки от плеча к запястью, начиная с левой руки, а затем правую. Потом, твёрдо похлопайте внутреннюю сторону каждого запястья. Перейдите к ногам, снова работая сверху вниз, всё это время дыша спокойно и размеренно.

- Хлопните в ладоши, оставаясь в состоянии майндфулнес, осознайте всё - от ощущений, которые вы чувствуете в кистях рук и предплечьях, до звуков и так далее.

- Выпейте стакан воды или чай с печеньем. Горячая еда и всё то, что относится к корневой чакре, как протеины и мясо, хорошо помогают заземлению.

- Поработайте в саду, оставаясь в состояние «майндфулнес»; почувствуйте землю пока сажаете или копаете.

- Уборка и другая физическая работа как, например, декорирование, могут быть заземляющими, если вы фокусируетесь на майндфулнесс аспекте каждой задачи и вначале опускаете энергию вниз в ваши стопы.

- Отличным способом заземления являются тренировки, снова оставаясь в состоянии майндфулнес. Пойдите на пробежку или на длинную прогулку по парку или на природе, например, в лесу или на пляже.

- Когда окажетесь на природе, установите с ней контакт, обопритесь спиной о дерево или, если захотите, можете его обнять! Используйте свои ладони и стопы, чтобы сфокусироваться на ощущении связанности с землёй.

• Просто лягте на землю и почувствуйте связь по всей длине вашего тела.

Во времена интенсивной диссоциации и расстройства использование физического ощущения прикосновения может оказаться самым подходящим способом для быстрого и эффективного возвращения в тело и заземление. В ситуациях, когда заземление особенно затруднительно, в качестве альтернативы можно принять холодный душ или надеть на запястье резинку и слегка пощёлкать ей по коже. Это быстро возвращает внимание обратно в тело и в здесь и сейчас.

## Визуальный

Как только вы установили вашу связь с землёй через свои стопы ног, визуально охватите всё вокруг себя и мысленно отметьте всё, что вы видите, замечая бытовые предметы, например, косо висящую картинную рамку.

## Аудиальный

Как и с визуальным подходом, вначале установите контакт с землёй, затем прислушайтесь ко всем звукам, которые вы замечаете вокруг вас. Прислушивайтесь к деталям, к звукам музыки и так далее.

## Обонятельный (Запах)

Нюханье солей было распространённым и эффективным методом успокоения, широко известной в прошлом под названием истерия. Сильный насыщенный запах может быстро выдернуть вас в здесь и сейчас, и обоняние ассоциируется с корневой чакрой. Я советую экспериментировать с благовониями и эфирными маслами, активирующие заземление в корневой чакре такие, как кедр, пачули, мирт, мускус и лаванда. Если какие-либо из них вызывают неприятные воспоминания, лучше всего их исключить. Вы можете поэкспериментировать с другими ароматами, но будьте осторожны, чтобы не использовать ничего, что содержит синтетические вещества, что может быть опасным или ввести в изменённое состояние.

## Натуральные Материалы и Лекарства Земли

*   Кристаллы. Поместите заземляющий кристалл возле ваших ног или возьмите в руки и попросите его помочь с заземлением. Попробуйте камни боджи, гематит и дымчатый кварц, они все считаются отличными камнями для заземления и якорения. Другие кристаллы, связанные с балансированием корневой или базовой чакр - тигровый глаз, агат, кровавик (гематит), гранат, рубин и оникс.
*   Эфирные масла и благовония. Для усиления эффекта можно распылить смесь масел в комнате или нанести непосредственно на кожу.
*   Гомеопатия и цветочная терапия Баха предлагает натуральные целительные средства и лекарства для заземления.

## Включение Уровня Креативного Воображения

Во время интенсивных эпизодов кризиса, целесообразно осознанно заземляться, задействуя пять органов чувств, исключая всё остальное. Использование креативности и символизма, как например представляя корни дерева, исходящие из подошв ног может препятствовать процессу, так как активируется креативная часть мозга. Тем не менее, во время более уравновешенного периода, визуализация может быть полезной, интерактивной и приятной.

- После завершения первого упражнения на соединение ваших ног с землёй, представьте выходящие из подошвы ваших ног, разветвляющиеся и уходящие глубоко в землю прочные корни, как корни древнего, мудрого дерева. Почувствуйте якорящую вас безопасность и защищённость земли, приносящие чувства баланса и спокойствия. Представьте, что всё напряжение и избыток энергии утекают из вашего тела в то время, как вы сами концентрируетесь на том, что отдаёте их земле через ваши корни. С каждым вдохом почувствуйте, как они всё больше и больше уходят вглубь в то время, как вы продолжаете концентрироваться на ваших ногах и полностью заземляетесь. Когда вы почувствуете, что готовы, пошевелите своими стопами и пальцами на ногах, потянитесь и несколько раз спокойно вдохните, а затем продолжите ваш день.

- Альтернативный способ, описанный Литой ди Алберди в книге *«Ченнелинг»*[4] – «представьте луч света, идущий в землю из вашей базовой чакры, находящейся у основания вашего позвоночника. Почувствуйте, как устанавливается соединение. Может быть полезным, если вы представите кристалл в центре планеты, к которой вы подсоединяетесь. Почувствуйте, как свет переходит в кристалл и обратно к вам».

Это нормально, что у тех, кто находится в кризисе, разум сначала будет блуждать - он не привык находиться в своём теле. Каждый раз спокойно и уверенно возвращая разум обратно к заданию, он будет блуждать меньше, оставаясь полностью в теле и фокусированным. Цель - подключиться, заземлиться и рассредоточить избыточную энергию, будет достигнута.

Если вы правильно заложите основы, остальное придёт следом. Я пришла к этому утверждению, которое прекрасно резюмирует необходимость заземления, которая есть у каждого из нас – *Я в контакте с Матушкой Землёй и чувствую защищенность заземления в реальности, в моменте.*

## Защита Энергии

Что такое защита энергии и почему она нам необходима? Если на улице дождь, мы инстинктивно используем зонт или дождевик, чтобы не промокнуть, и избежать неудобство и дискомфорт от мокрой одежды, а в некоторых случаях - повышенную вероятность замёрзнуть или простудиться. Такой же принцип применим к защите энергии, который является превентивной мерой для защиты физического и энергетического тела от плотных энергий.

Эти энергии могут рассматриваться так же, как дождь. Если рассматривать в таком аспекте, энергетическая защита является простым здравым смыслом. Некоторые люди, говорят, что использование защиты основано на страхе и мы просто привлекаем к себе ещё больше страха, следуя закону привлечения. Для тех, кто вынужден применять энергетическую защиту только из-за страха, это может быть точной репрезентацией того, что может произойти. Я не сторонник такого подхода использования защиты, однако этот аспект страха, связанного с защитой, необходимо изучить, так как духовный кризис может подразумевать интенсивное чувство страха. Рассматривание защиты, как логичной, имеющей прямое назначение, как одевание куртки в дождь, устраняет из неё элемент страха.

Не только те, кто в кризисе, нуждаются в энергетической защите. Многие из моих клиентов встретились с проблемами, возникшими в результате отсутствия защиты, становясь невинными жертвами прикреплений духа. Таким образом, я обучаю большинство из них базовым навыкам защиты. Так же, как и с заземлением, этому просто и быстро научиться, но эффект будет виден только при условии её реализации и постоянного усиления. Чёткая установка, как и во всём, имеет первостепенное значение.

Из-за уровня энергетической чувствительности и уязвимости, присущих тем, кто находится в кризисе, необходима максимальная энергетическая защита, чтобы не дать навязчивой энергии затормозить прогресс и ослабить энергетическое тело. Так как страх так часто связывали с необходимостью защиты в прошлом, важно поменять представление, помогая человеку поверить в свои собственные силы, напоминая ему, что у него есть полное право на свою энергию и в силу чего он определяет, чему позволять или не позволять входить в неё. Защита – это просто на просто барьер от навязчивой энергии. Она не остановит и не ограничит духовный рост.

Существует множество методов защиты. Я обучаю своих клиентов простому методу пузыря, который я также использую сама. Это самая простая форма:

Сидя или лёжа, закройте глаза и представьте, что вы полностью окружены пузырём света, уютно обволакивающем вас с головы до ног на расстоянии около двух футов от вашего тела. Визуализируйте и почувствуйте этот чудесный пузырёк света, и ощутите безопасность от пребывания в нём. *Создайте намерение, что только позитивная энергия и то, что служит вашему наивысшему благу, может проникать внутрь пузыря. Вся энергия низшей вибрации может естественным образом вытекать из пузыря в любое время.* Потратьте несколько минут, чтобы по-настоящему почувствовать себя внутри этого пузыря; получите удовольствие от этого опыта и от того ощущения спокойной безопасности, которое он даёт. Когда энергия настроена на намерение, вы готовы продолжать свой день. Благоразумно регулярно усиливать и обновлять свою энергетическую защиту. Некоторые также индивидуализируют свой пузырь цветом или символом защиты.

Помимо визуализации, используются другие методы защиты такие, как пирамиды, плащи и щиты, существует множество других техник, использующих индивидуальные чакры, символы, цвета, кристаллы, масла и спреи, а также помощь существ света таких, как духовные наставники или Архангел Михаил.

Какой бы метод не использовался, полное отключение от энергии является противоестественным, для здоровья и хорошего самочувствия необходимо её свободное протекание. Создание совершенно непроницаемого барьера может привести к болезни или к другим проблемам, это я выяснила будучи подростком, когда создала прочный чехол вокруг моего энергетического поля с намерением, что никакая энергия не могла проникнуть в него или выйти из него.

По мере того, как вибрация энергетического тела становится легче, может оказаться необходимым изменить ваш метод энергетической защиты. Это абсолютно нормально. Если один из методов не работает, вы можете поэкспериментировать с другим.

Регулярная практика заземления и защиты позволяет распознать собственные силы и возвращает уровень контроля и управления энергетическим телом для тех, кто находится в кризисе. Учредив данные средства, мы готовы предпринять следующий шаг в преодолении духовного кризиса.

## Открытие и Закрытие

Когда энергетическое поле клиента слишком открыто в течении длительного периода, он может переутомляться и стать чувствительным к внешним стимулам. Умение *открывать* и *закрывать* энергию может изменить жизнь, делая ее свободней. Для любого, работающего с энергией или проходящего через духовный кризис, эти простые техники бесценны. Намерение является ключом, и в своей простейшей форме влечёт за собой расширяющуюся энергию во время открытия и сокращающуюся во время закрытия. Как бы то ни было, слово *«закрытие»* не стоит воспринимать слишком буквально; более подходящим описанием будет втягивание энергетического поля или уменьшение скорости вращения энергетических центров, так как реальное закрытие было бы нездоровым и может привести к проблемам.

Перед приёмом клиентов, я всегда заземляюсь, защищаюсь и открываюсь, а по окончании - снова закрываюсь. Мои друзья всегда шутят, что моя интуиция как у кирпича, когда я закрыта! Таков мой выбор и в принципе я рада, что моё намерение работает, и моя энергия может отдохнуть, подзарядиться и случайно не вторгнется ни в чью другую до тех пор, пока я вновь не откроюсь. Использование энергетического этикета и этики является важным аспектом, который необходимо учитывать. Лично я, лучше не буду посягать на чужую энергетику без приглашения. Это не только опасно, но также очень невежливо!

Для духовного кризиса заземление и защита являются основной прерогативой, поэтому обучение открытию и закрытию до того, как первоначальный кризисный период взят под контроль, не разумно. Во время стабильного периода можно обучать этим принципам, сначала делая упор на закрытии или втягивании своей энергии. Со временем, после создания и организации безопасного пространства для работы с энергией, можно будет показать и открытие, о чём более подробно будет рассказано ниже в этой главе. В зависимости от уровня установленного кризиса, рекомендуется пройти инструктаж и потренироваться в эффективном открытии и закрытии прежде, чем практиковать самостоятельно.

# Внутреннее Безопасное Место

Создание внутреннего безопасного места используется для укрепления эго и обеспечения безопасного *контейнера* для работы с энергией.

Во время духовного пробуждения может произойти процесс осознания, озарения, роста и исцеления. Скорее всего не всё будет гладко, но в целом полученная информация может быть ассимилирована и эффективно использована. Внезапно могут всплыть прошлые или настоящие переживания, объединяющиеся с интенсивными эмоциями, которые требуют незамедлительного внимания. Энергетическим воплощением может быть воспоминание - символическое, архетипическое, мистическое или божественное по своей природе. Оно может появляться в самое неподходящее время, в автобусе или в магазине. Эпизод проходит, но неразрешённая проблема остаётся, подавленная до тех пор, пока вновь не всплывёт или не вырвется наружу в сознание.

Для того, чтобы исследовать и трансформировать неразрешённые проблемы можно создать и использовать безопасное пространство. Большинство тех, кто работает с энергией используют *безопасное место* для своей собственной работы. Оно используется за рамками духовного кризиса для различных целей и благ. Многие годы я использовала своё собственное безопасное место, луг с дубом, чтобы безопасно проводить удалённую энергетическую работу, а также во время ченнелинга высших существ света.

При серьёзных и длительных эпизодах духовного кризиса это может быть неосуществимо. Человек может быть энергетически не способен создать безопасное место и поддерживать над ним контроль. Грофы десятилетиями работали над экстремальными случаями духовного кризиса и советуют, чтобы вся работа с энергией была остановлена. Вместо этого, они разрешают полное выражение переживания настолько долго, насколько оно длится, чтобы завершить, нежели чем подавить его. Поскольку, данный подход требует поддержки, они предлагают 24-часовое наблюдение в стационаре, который позаботится об основных потребностях человека, а также об его безопасности на период течения эпизода, который на данном этапе сложности может продлиться несколько дней или недель.

**Создание Внутреннего Безопасного Места**

Клиенту один на один объясняют цель создания внутреннего безопасного места, в котором он может расслабиться и просто наслаждаться пребыванием в мирном спокойном пространстве, чтобы в будущем применять его в работе с энергией и в терапии. Я предпочитаю использовать управление образами, но гипноз с кинестетическим введением для телесной интеграции, включая прямые и косвенные внушения, касающиеся заземления и защиты, работает равноценно хорошо. Для этого достаточно лёгкого транса.

Те, кто знаком с управлением образами, может использовать и этот метод, обрисовывая своему клиенту расслабляющую и красивую картину. Убедитесь, что вы включаете дыхание и релаксацию, заземляя энергию клиента через стопы ног и основание позвоночника, привнося защиту в форме обволакивающей подушки света. Установите контакт с внутренним Я и землёй до того, как продолжить путешествие в выбранное клиентом безопасное место.

В идеальном варианте безопасное место должно быть местом на природе. Возможно, он уже знает какое место себе представить, например, тропический пляж или, скажем, опушка в чаще леса. Возможны изменения в течение сессии, поэтому адаптируйтесь и следуйте его воображению, и тому, что для него является наиболее комфортным. После того, как клиент определился с местом, объедините все виды, звуки, текстуры и ароматы; задействуйте все органы чувств, побуждая его полностью и всецело ощущать себя в нём. Предоставьте достаточно времени для того, чтобы сформировались все детали и качества его безопасного места. Подчеркните, что это место безопасно и защищено по мере того, как он продолжит его исследовать.

Я прошу клиентов создать два места. Первое – место исцеления. Это может быть пещера с кристаллами или целительное озеро, всё, что они пожелают. Второе – святая святых. Это может быть простое каменное окружение или сложная постройка в виде храма, ещё раз, всё, что они создадут и то, что по их ощущениям им подходит, будет работать наилучшим образом. Во время этой сессии можно исследовать и насладиться позитивными энергиями этих мест. В будущем они станут полезными инструментами: место исцеления не нуждается в дополнительном объяснении, святая святых служит для внутреннего созерцания и понимания. В силу природы духовного кризиса, когда переживание становится невыносимым, такое место станет страховкой - тихой, безопасной гаванью.

Когда безопасное место создано, я люблю добавлять дополнительный слой защиты и безопасности. Попросите их представить или ощутить вокруг их безопасного места защищающий высокий купол, поднимающийся от земли и помещающий их место в полную безопасность. Намерение заключается в том, чтобы только энергии, которые они сами приглашают, могут войти в их безопасное место. Если они делали технику защитного пузыря, то скорее всего создание купола не составит им труда.

По окончанию сессии клиент может пожелать записать детали своего безопасного места, чтобы ещё лучше запечатлеть все подробности в своей памяти. Чем чаще безопасное место посещается, тем реальнее оно становится энергетически. Говоря о целесообразности, я даю запись сессии для домашнего использования и советую клиентам практиковаться по несколько минут каждый день, чтобы посетить место исцеления и святая святых.

## Использование Безопасного Места в Работе с Энергией и в Терапии

С помощью заземления, защиты и безопасного места энергетические границы укрепляются, и это позволяет начать или возобновить исследование и терапевтическую работу.

Через безопасное место подсознание может осторожно привлечь внимание к проблемам, которые на данный момент подавляются. Во время каждого посещения этого места, клиенты зачастую могут получить широкое и глубокое понимание, просто отмечая, что изменилось или что нового появилось. Например, может появиться объект или необычный цветок, у которого есть скрытый смысл. Они могут пригласить своё внутреннее Я для разговора и лучшего понимания.

В терапии безопасное место становится точкой подхода ко всей работе. С его помощью я эффективно и безопасно провожу освобождение духа, исцеление и регрессионные терапевтические сессии с теми, кто проходит через духовный кризис. Мы можем продолжать говорить, исследовать, трансформировать и исцелять чтобы ни возникло, используя безопасное место и его своеобразие. Когда кризис закончится, можно снова приступать к духовной практике, инкорпорируя безопасное место в идеальном варианте. Многим людям также нравится встречаться в этом месте с духовными наставниками и тотемными животными.

## Случай из Практики - Мелани

Иногда, кризис может развиться ярко и стремительно из стабильного на вид духовного пробуждения, что и случилось с Мелани. На тот момент я была рядом и нам совместно удалось стабилизировать это состояние прежде, чем оно развилось в полный кризис. Это была интересная история. Вам тоже может встретиться подобный случай с вашими клиентами, и незамедлительное использование техник может умерить кризис, и впоследствии позволить терапии безопасно продолжиться.

Когда я впервые встретила Мелани я была пленена исходящими от неё флюидами. Она была привлекательной, обладала открытым пытливым умом и жаждой знаний, в соответствии с выбранной ею профессией учителя. У Мелани было природное родство и понимание энергии. Она написала книгу об исцелении духовного сердца, основываясь на интуиции и вдохновении, а также включая последние находки научного исследования. Она могла считывать энергию другого человека и определять эмоциональные проблемы, на которые было необходимо обратить внимание. Желание помогать им дальше стало одной из причин, по которой она начала обучение, чтобы стать регрессионным терапевтом.

Те первые несколько месяцев тренинга были временем трансформации. Она встретила единомышленников, с кем она могла свободно обсудить свои способности и исследования, открыла в себе способность проводить высшую информацию и заметила улучшение у своих клиентов благодаря приобретённому ею опыту. На второй тренинг она приехала с намерением быть полностью открытой к знанию, энергии и процессу.

Ранее Мелани безопасно проводила ченнелинг высших Существ Света, следуя строгому протоколу. Однако, во время этого семинара эти Существа стали неожиданно разговаривать через неё. Она стала сильно ощущать чувства других людей, пределом этого послужило получение плохих новостей одним из членов группы. Мелани бесконтрольно тряслась, плакала и была на грани тревожной паники. Она сообщила об ощущении боли и печали, проходящего через всё её существо и не могла понять, что с ней происходит. До этого она чувствовала себя уверенной и в гармонии с собой, поэтому это её напугало и привело в замешательство.

В тот момент Мелани перешла от духовного пробуждения к кризису. Для того, чтобы сразу же предпринять необходимые меры, я вывела её на улицу на природу и помогла ей сконцентрироваться на майндфулнесс, заземлении и освобождении влиявшей на неё энергии. Я объяснила природу внезапного духовного кризиса и совместно мы исследовали возможные триггеры. Мелани осознала, что её намерение быть абсолютно открытой к энергии, придя на семинар могло способствовать этому.

После дополнительного заземления и обсуждения была запланирована сессия на вторую половину того же дня, для восстановления баланса её энергетического поля и создания безопасного энергетического места, где можно было бы провести трансформационную работу в безопасном и защищённом пространстве. Была проведена проверка на наличие навязчивой энергии и прикреплений духа, но ничего не было найдено.

Мелани незамедлительно почувствовала контейнирование, заземление и ребалансировку своей энергии. Она создала своё *безопасное место* в форме замка, так как это ощущалось для неё «надёжным и безопасным», она инстинктивно знала все особенности и способности этого места по мере того, как она там пребывала.

Вместе мы произвели проверку энергетической защиты Мелани, которую она использовала на тот момент. Она обновилась, делая акцент на регулярное заземление и усиление энергетической защиты в течение последующих дней и недель.

Мелани рассказывает о своём опыте духовного кризиса:

*С очень раннего возраста я всегда могла чувствовать и считывать энергии у людей. Я думала, что это обычное дело и что все могут это делать. Порою, это было не* легко. Будучи ребёнком, я не понимала, что я считываю, так как я не обладала достаточной зрелостью или жизненным опытом.

Я также слышала голос в моей голове, который меня успокаивал в сложные времена или давал мне совет. Мне казалось это странным и я думала, что это разговаривал мой внутренний голос, но ответы приходили очень быстро. У меня не было времени их придумать, они были интуитивными ответами. Эти наставления помогли мне с моими жизненными выборами по мере моего взросления.

Только после того, как родилась моя чудесная дочь, всё стало более интенсивным. Я считывала энергию более точно и получала намного больше информации через мой внутренний голос, но на этот раз это было не просто про меня, а о других. Я стала ощущать вокруг себя присутствия и я могла считывать и их энергию, когда направляла своё осознание в их сторону. У меня начались проблемы со сном, так как эти присутствия пробуждали меня ночью, как будто говоря: «Привет, я тут». Моя дочь также плохо спала с момента своего рождения. Я знала, что вокруг нас есть что-то большее, так как я могла это ощущать. Вследствие этого, я решила искать ответы, чтобы лучше понять происходящее.

Я прочитала много книг и, в конце концов, решила пройти обучение по регрессионной терапии. Во время моего тренинга и находясь в регрессии, я спонтанно стала производить ченнелинг Существа Света и увидела очень значимые прошлые жизни, которые объясняли мои способности. Это было ошеломляющим сильнейшим переживанием. После ченнелинга, во время сбора группы, одному человеку позвонили, сообщив печальные и тревожные новости. В тот момент мы не знали, что это были за новости, но услышали его крик отчаяния. В тот же момент я почувствовала, как эмоциональная вибрация вошла в комнату и в моё тело. У меня не было контроля над ситуацией. Эмоция печали охватила моё тело и я не могла остановить это чувство. Джанет, ассистент нашего учителя, подошла, чтобы успокоить меня, но всё что я могла сказать между всхлипываниями было «Что со мной происходит?». Джанет сказала мне сделать несколько глубоких вдохов, вернуться в комнату и осознать, где я нахожусь. Она держала меня за руку и своим присутствием утешила меня, заверив, что всё будет хорошо. Мы вышли на улицу, где я смогла освободить лишнюю энергию и заземлиться.

Позже этим днём, Джанет научила меня, как я могу блокировать вход этих вибраций в моё тело, создавая намеренную защиту, которая укроет меня, как плащ. Я также узнала, что в тот момент была трансовым медиумом и поэтому могла слышать информацию. Затем, Джанет продолжила меня обучать, как создать безопасное место для моего ченнелинга, в котором я могу общаться с моими наставниками или с Существами Света. Благодаря гипнозу и с помощью моего высшего разума я создала кристальный замок, окружённый высокими стенами. У этих стен было много дверей, через которые энергии могли войти, но ключи от всех дверей были у меня и только я могла отрыть двери. Мой высший разум принял участие, укрепив стены и создав купол над крышей замка, подтвердив, что моё безопасное место было надёжно защищено.

Эти сооружения помогли мне управлять энергиями и лучше справляться с передаваемой мне информацией. Помощь Джанет позволила мне почувствовать свою собственную силу и не бояться моих способностей, а вместо этого принять то, кем я являюсь.

История Мелани свидетельствует о том, как можно эффективно справиться со спонтанным духовным кризисом на ранних стадиях. Благодаря этому опыту, она получила ценные инсайты и уроки. Рассматривание кризиса как важной составляющая своего развития, признания своей божественной природы и единения со всем существующим присуще многим людям.

# Случай из Практики – Даниэль

Я познакомилась с Даниэлем, когда он связался со мной по поводу освобождения духа. Мы обсудили симптомы, которые он испытывал в последнее время, указывающие на наличие прикрепления духа, также как и депрессия, низкое чувство собственного достоинства, злобы и тревоги.

Похоже, его душа была опытной. Глубокий мыслитель, мудро относившийся к сложностям, которые стоят перед миром, и ощущающий огромную ответственность, чтобы оказать всевозможную помощь. Однако, у девятнадцатилетнего Даниэля, вместо неограниченной энергии и идей, было истощение, летаргия, навязчивые мысли, чувства и телесные ощущения, и общее чувство подавленности, будто груз всего мира стал слишком велик. Он бросил колледж и находился в смятении, мало или совсем не имея представления или планов, что делать дальше. Он не мог концентрироваться и, как правило, чувствовал себя очень запутавшимся и печальным.

У него был опыт с рекреационными наркотиками, марихуаной и тому подобному. После экспериментирования в тринадцать это быстро переросло в зависимость, пока он окончательно не бросил шесть месяцев назад. Также, два года назад он попал в автомобильную аварию, в которой получил травму головы и сломал носовую перегородку. Его сильно волновала и тревожила забота о Земле. Он проверял, что он делает всё насколько возможно экологично и этично. Однако, казалось, этого было всегда недостаточно. Его постоянно преследовали повторяющиеся навязчивые мысли: «Я ничего не достиг», «Я слишком поздно это оставил» и «Я не знаю, кто я». Чтобы ему помочь, его врач прописал ему антидепрессанты.

Во время первых сессий я освободила множество прикреплений духа и занялась устойчивой психической атакой, которая уже длительное время исходила от его неуравновешенного друга, чья вызванная наркотиками паранойя в последние месяцы обратила его против Даниэля. Следующие симптомы заставили меня считать, что Даниэль может находиться в середине духовного кризиса:

- Использование наркотиков с подросткового возраста, в частности, каннабис (марихуана) и сканк.
- Травма головы.
- Уязвимость к прикреплениям духа и период неослабевающей психической атаки.
- Натура чрезвычайно чувствительная к окружающему миру и вреду, который ему наносят, вместе с чувством бессилия, что он не может ничего сделать, чтобы что-то изменить.
- Пробуждённое сознание. Даниэль пробовал психоделические эксперименты, которые он вычитал в интернете и в книгах.
- Он был не в состоянии согласовать свою повседневную жизнь со всем тем, с чем он столкнулся во время переживания изменённых состояний с помощью

экспериментов. В довершении всего, психическая атака вызвала в нем чувство тяжести, и он отрешился от жизни и от мира.

Я обсудила с Даниэлем возможность духовного кризиса, что это такое и почему, по моим ощущениям, это может на нём сказываться. Мы поговорили об его переживаниях, мыслях и чувствах. Целью последующих сессий стало помощь Даниэлю достичь стадии, на которой его энергия станет стабильной, эго будет укреплено, и он сможет двигаться в сторону более глубокой трансформационной работы посредством регрессионной терапии через безопасное место.

Мероприятия, проведённые с ним, были связаны с очищением от любой навязчивой энергии, насколько было в моих силах, и энергетической работой для прекращения возобновления психической атаки. В дальнейшем - восстановление равновесия и исцеление его энергетического тела. Для него было создано безопасное место, чтобы он пользовался им дома и на последующих сессиях. Мы обсудили важность и актуальность заземления и защиты, и я дала ему с собой список техник, которые он мог использовать дома. С последующими сессиями гипноза для смягчение тревоги и стресса. Когда он достиг стабильного состояния, мы провели регрессионную сессию через безопасное место.

Даниэль жил далеко, поэтому, как только он достиг стадии, на которой продолжение терапии было безопасно, я порекомендовала ему отличного терапевта рядом с его домом. Он хотел продолжать лечение и проконсультировался со своим врачом, который направил его на психологическую консультацию, где Даниель обнаружил, что терапии были взаимодополняющими.

После трёх регрессионных сессий, направленных на глубокие неразрешённые проблемы как из прошлых жизней, так и из текущей, а также освобождение ещё одного скрытого прикрепления энергии, Даниэлю стало значительно лучше.

Его терапевтический запрос был более позитивный - сделать шаги в сторону принятия решений по поводу будущего, а также избавиться от депрессии и физической боли в груди и в голове. После терапии Даниэль решил поехать в Индию и оставить родительский дом. Он определенно двигался по жизни вперёд.

Я встретила Даниэля по возвращению из его трансформационной поездки в Индию и попросила его рассказать об его опыте в целом и как он с тех пор на него повлиял. Он ответил так:

*Когда я поехал в Индию, я всё ещё не был на все сто процентов в себе и слишком сильно беспокоился обо всём. Я много путешествовал, посетив Раджастхан, Дели, Агру, Пушкар, Мумбаи и Гоа. Я помогал НПО (неправительственные некоммерческие гуманитарные организации) реабилитировать бездомных детей. Я учил их всяким разным вещам. Это был невероятный опыт и теперь я планирую изучать Антропологию в Колледже Голдсмит, Лондонского Университета.*

*Когда я в первый раз пришёл к вам, я почувствовал, что избавился от чего-то. Многое вышло на поверхность, как только я ощутил переполняющую меня тревогу и мою неспособность увидеть перспективу.*

*С первых сессий я научился освобождаться от этого. Мне помогло терапевтическое безопасное место. Вначале, оно медленно уходило после сессии и возвращалось, над чем мы и работали. Я чувствовал, что могу маневрировать вокруг моей тревоги и выходить из неё.*

*Оглядываясь назад, на принятие антидепрессантов, терапии для моего стресса и проблем с самооценкой, я воспринимаю их как часть процесса исцеления. Я чувствую, что мне помогли наметить перспективу и увидеть, как разные вещи на меня влияют. Это помогло представить мою жизнь, такой какой я хотел её видеть. Я разобрался с мучавшей меня сверхсильной усталостью, а также с ощущениями, которые я раннее испытывал в области головы и груди. Также как и работа с вами, психологические консультации помогли мне заземлиться в реальности и поговорить о моей семье.*

*Особенно ценными для меня оказались упражнения на защиту, знания об энергии и взгляды новой эпохи. Можно использовать техники, чтобы ничто не подкралось к вам незаметно в повседневной жизни. Я хочу поблагодарить вас за всю выполненную работу, а также регрессионного терапевта. Я больше не сталкивался с проблемами прикрепления духа или каких-либо других.*

История Даниэля иллюстрирует как духовный кризис может тормозить жизнь человека, не давая двигаться вперёд. Его восприятие мира стало настолько подавляющим, что инстинкт самосохранения заставил прятаться от всего, чтобы оградить от дополнительного вреда. Он находился под воздействием энергетической атаки, что усилило его проблему. Его история устойчивого принятия наркотиков, впечатлительная натура, уязвимость к прикреплениям духа, и травма головы также способствовали его состоянию. В тот момент он без надзора вошёл в глубокое изменённое состояние сознания и неразрешённые личностные проблемы открыли путь как для духовного пробуждения, так и для кризиса. Часто, между природной хрупкостью человека и глубокими тревожными чувствами и мыслями лишь тонкая грань, указывая, что кризис в разгаре.

Очень часто переживающие духовный кризис принимают те или иные медикаментозные препараты, как правило, антидепрессанты. Несмотря на то, что это не помогает определённой терапевтической работе, клиентам рекомендуется оставаться на препаратах до тех пор, пока клиент и его врач считают это целесообразным, уменьшая дозу в подходящее время под врачебным контролем. Все техники на заземление, майндфулнесс, защиту и создание безопасного внутреннего места могут быть использованы с клиентами, принимающих низкие и умеренные дозы антидепрессантов.

Работа Даниэля с различными терапевтическими подходами и терапевтами позволила ему достичь момента, где он смог вернуть свою жизнь, позволив его пробужденному сознанию процветать.

# Случай из Практики – Нико

Нико направили ко мне после пугающего опыта, в котором он стал опасаться за потерю своей вменяемости во время осознанного ощущения, что он распятый на кресте Иисус Христос. Он осознавал интенсивность и психотическую природу произошедшего, за которой последовала серия меньших, но всё ещё очень тревожных переживаний, которые могли указывать на начало психоза. Естественно, он был более чем встревожен - напуган.

Разговаривая с Нико, было ясно, что его духовное пробуждение началось в раннем возрасте. В то время, как некоторые переживания были позитивными, интуиция привела его к болезненным открытиям и инсайтам о близких ему людях. Вследствие чего, как происходит со многими на духовном пути, он метался между принятием и блокированием.

Множество важных событий и сложностей в жизни Нико навели его на прохождение обучения, консультирование и терапию. Будучи успешным бизнесменом, Нико надеялся держать два своих мира раздельно: с одной стороны - работу и дом, с другой – новый будоражащий мир открытий и исцеления, который он ощущал как свою собственную терапию и обучение. Внутренняя борьба не прекращалась и он продолжал снова задавать себе вопрос и оценивать свои прошлые твёрдые убеждения. Несмотря на то, что это было чрезвычайно сложным испытанием для Нико, это также было временем сильнейшей трансформации.

Чем больше я о нём узнавала, тем становилось яснее, что что-то должно произойти, это был только вопрос времени. В прошлом Нико перенёс две серьёзных травмы головы. Существует много документальных подтверждений факта духовного пробуждения после такого типа травм, возможно, это связано с повреждением мозга или раскрытием скрытого потенциала. Каким бы ни было объяснение, многие люди сообщали о духовном опыте или расширении сознания после травмы головы. Его естественное духовное пробуждение, будучи как принятым, так и отвергнутым в разные моменты его жизни, в сочетании с травмами головы и стремлением держать свою обычную жизнь отдельно от всего, что он испытывал, создало в нём внутренний конфликт и стресс. Что-то должно было произойти и оно произошло.

В итоге, пробуждение Нико перешло в кризис. Сферы жизни, которые он мог контролировать, были разложены по полочкам, как и раньше, но по ночам ему снились беспокойные сны и кошмары, наполненные тревожной информацией о приближающихся событиях, которые, как он чувствовал, были ему неподвластны. Он стал всё более подвержен прикреплениям духа и воздействиям их неразрешённых проблем. Серьёзность ситуации стала очевидна Нико во время его глубокого переживания, когда он стал Иисусом Христом на кресте, после чего он был направлен ко мне.

В течение нескольких сессий мы разговаривали о его переживаниях, по возможности, я объясняла и обучала, и что очень важно, заверяла и понимала его чувства, мысли и переживания. Навязчивая энергия была устранена и мы работали над управлением энергией, концентрируясь на заземлении и защите. До исцеления большего количества неразрешённых проблем и его внутренних энергетических зацепок, уязвимость Нико к прикреплением духа сохранялась.

Применение регулярной защиты блокировало его от навязчивых энергий и прикреплений духа. Примечательно то, что когда энергия Нико вернулась в состояние пробуждения, он мог с лёгкостью определять проникновение навязчивой энергии в его энергетическую систему. Освобождая прикрепления духа и слушая их истории, помогло мне понять, почему он так сильно привлекал к себе энергию.

Я дала Нико брошюру с упражнениями на управление энергией. Люди, находящиеся в середине кризиса, с трудом концентрируются и запоминают информацию, поэтому целесообразно давать им с собой какую-то информацию в письменном в виде, к которой они могут обратиться дома. Также, первые сессии были сделаны достаточно короткими и по времени близко друг от друга.

С помощью визуализации и лёгкого транса было

создано внутреннее безопасное место, а запись была дана на дом для личного использования. Чрезвычайный кризис быстро утих и Нико вернулся в безопасное состояние пробуждения. Затем, терапевтические сессии были восстановлены с использованием безопасного места для доступа к воспоминаниям о неразрешённых проблемах.

После этого у Нико были очень трудные времена. Состояние пробуждения может быть сложным само по себе из-за столкновения с предыдущими убеждениями, самоанализом и сопротивлением. Обладая данными ему техниками, он смог предотвратить возвращение состояние кризиса.

Вот, что Нико рассказывает о своём опыте:

*Когда я был молодым, наверное, где-то от двенадцати до семнадцати, я просто радовался, что живу, и делал то, что я называл «лепет». Это было что-то вроде бессмысленной детской болтовни, но когда я произносил этот лепет, я чувствовал эйфорию. Я делал это почти каждый день. Это было ощущение экстаза, похожее на выделение эндорфинов после занятия спортом. Я понял, что у этого лепета была какая-то структура, так как многие звуки повторялись. Это чувство эйфории было таким сильным, что я просто хотел, чтобы оно продолжалось, но у меня никогда не получалось его вызвать. Оно всегда было спонтанным. Оно прекратилось после одного случая в моей жизни, когда я почувствовал, что сделал нечто противоречащее моим основным принципам (против Бога), и оно больше не вернулось. Позже я осознал, что этот лепет был «разговором на разных языках», хотя в то время я просто радовался чувству эйфории, которое он вызывал. Когда он прекратился, я почувствовал, что это было из-за того, что я уже не был достаточно чистым, чтобы его получать. В то время, у меня также были сны, которые сбывались.*

*Однажды, несколько лет спустя, в разгар моего бурного романа, я проснулся ночью с мыслью, что моя подруга сделала нечто неправильное. Следующей ночью, когда я её увидел, она призналась мне в этом. Несмотря на это мы продолжили встречаться до одной вечеринки с коллегами по работе. По какой-то причине я положил руку на крышу её машины и тут же понял, что у неё был секс в машине с другим человеком, что позже подтвердилось. Я логически рассудил, что должно быть это был запах или что-то такое, но внутри я сознательно не реагировал на голос, который говорил мне эти вещи, так как это знание было слишком болезненным. Не так давно я перенёс серьёзную травму головы, которая изменила мою личность, сделав меня более зависимым человеком. Я чувствовал, что частично потерял мою умственную способность, которая до сих пор была огромным преимуществом в жизни. До тех пор всё, на чём я когда-либо концентрировался, я получал, и я всегда верил, что всё происходит к лучшему. Была небольшая вероятность того, что авария, в результате которой я получил травму головы, была умышленно совершена другим человеком. Мои мысли стали негативными, и после этого я стал не доверять людям, вместо того, чтобы замечать хорошее, как я делал раньше.*

*Следующим большим событием была автомобильная авария, в которой я вновь получил серьёзную травму головы. Во время аварии я почувствовал себя запертым в ловушке с дымом и думал, что умру. Это вызвало у меня посттравматический стресс. По этому поводу я* обратился за консультацией КБТ [когнитивно-бихевиоральная терапия], которая привела меня к изучению консультирования и, впоследствии, к образовательной программе по терапии. КБТ действительно помогла мне достаточно для того, чтобы я мог нормально функционировать в повседневной жизни, но я чувствовал, подобно первой травме головы, что остался с недостатком на всю оставшуюся жизнь. Во время моего первого курса обучения терапевт, с помощью регрессионной терапии, вылечил мою клаустрофобию, которая возникла в результате аварии. Парадоксальным было то, что КБТ помогла мне подавить симптомы и взять их под контроль, а регрессионная терапия всего лишь за одну сессию трансформировала коренную причину проблемы и рассеяла энергию. Результаты не заставили себя долго ждать. Пока я ехал домой после сессии я осознал, что я больше не был таким нервным, каким был раньше, и когда мне пришлось пойти на МРТ сканирование, я чувствовал себя комфортно, а не ощущал себя застрявшим в трубе, в которую меня поместили. На самом деле, для водителя, который проезжает более 40000 миль в год, это было огромным открытием и свободой. Мы проработали не только клаустрофобию, другие проблемы начали тоже понемногу разрешаться.

В это время у меня появилось много необычных, ярких сновидений. Некоторые были приятными, но многие были похожи на прошлые жизни или пророческие сны. Многие были довольно ужасающими. У меня были повторяющиеся сны - один, в котором я находился в кафетерии на корабле и огромная, не менее 40 метров, накрывающей нас волна, а другой, в котором я попал в автомобильную катастрофу. Стало ясно, что я подхватил другое прикрепление духа, который погиб в автокатастрофе, а я присоединился к переживанием его прошлой жизни.

Я всё ещё сопротивлялся существованию энергий вне моего тела и, таким образом, меня стали тревожить мои переживания и я волновался за состояние моего психического здоровья.

В этот период ночные видения стали всё более знаменательными и, иногда, очень неприятными. У меня определённо не было над ними никакого контроля, какой у нас есть с обычными снами. В то время как некоторые по своей сути были прошлыми жизнями, многие относились к глобальным бедствиям и прочим катастрофам. Острая нехватка сна стала влиять на мою повседневную жизнь, и на моё понимание происходящего.

Эта потеря контроля стала причиной моего спонтанного переживания, когда я ощущал себя Иисусом Христом, распятым на кресте. Этот опыт оставил во мне неизгладимый след и у меня появился мгновенный страх, что я на самом деле теряю себя, сливаясь с прошлой жизнью. Переживание было настолько сильным, будто всё моё существо было им поглощено. В отличие от других менее суровых переживаний прошлой жизни, это меня полностью захватило, наполнив меня мрачным предчувствием и мучением. Я чувствовал, что колоссальность того, что мне было необходимо достичь или испытать произвело на меня сильное впечатление и ведет меня к умопомрачению. Я чувствовал, что должен остановить процесс или же по-настоящему потеряю себя окончательно и бесповоротно. Так, одной ногой я был наполовину в переживании, а другой – боролся, чтобы вернуть моё здравомыслие.

Переживание произошло вечером и я боялся идти спать из-за страха потерять мою истинную сущность.

Изучив формальную методологию консультирования, я чувствовал, что мог бы легко диагностировать у себя начинающийся психоз с раздвоением личности. В тот момент я ощущал себя на грани безумия. Я должен был скрыть это от мира, не хотел обращаться к своему врачу, опасаясь традиционного диагноза и возможного отравления в лечебницу. Самым странным было в течение дня ощущать себя абсолютно нормальным бизнесменом, справляющимся с взаимоотношениями, задачами, счетами и повседневными хлопотами. Вечером же я чувствовал себя борющейся личностью, чтобы удержаться за волосок реальности.

К счастью, в это время я начал работать с Джанет, которая сама прошла через подобный опыт, и она научила меня множеству техник, которые помогли мне стабилизировать мои переживания, позволили мне контролировать видение по ночам и прикрепления, искавшие убежище. Было не сложно освоить и применять техники. Создание внутреннего безопасного места помогло мне благополучно продолжить терапевтические сессии, а также использовать в медитации.

Помощь была ощутимой. Необычные переживания, которые длились у меня годами, были описаны как духовное пробуждение. Со временем они обострились и переросли в духовный кризис. Взяв под контроль чрезвычайное положение, кризисное состояние закончилось и я смог продолжить мою повседневную жизнь и терапевтические сессии, как мне того хотелось. С тех пор, у меня больше не было психотических переживаний. Я всё ещё борюсь с новыми аспектами моей жизни и моей личности, и со всей сферой, которая для меня открылась. Теперь, я воспринимаю это больше как *приключение нежели, чем нечто, что необходимо пережить.*

*В конце, я принял важное решение - стать более открытым к духовной стороне моей жизни. С тех пор, многие вещи начали изменяться до неузнаваемости. Перемена была очень глубокой и во многом сложной. Многие сферы, которые, как мне казалось, были на своих местах на всю жизнь, распались. Многие старые области моей жизни очищаются, те, которые были незначительными или на заднем плане, стали принципиально важными. Эта перемена иногда бывает болезненной, и я подозреваю, что есть ещё многое из того, что нужно принять. Я осознаю, что в моей природе есть признак пробуждения, сложный, каким зачастую бывает духовное пробуждение, со временем я с ним смирюсь и научусь относиться к нему позитивно.*

В случае с Нико укрепление эго, подтверждение переживаний и обучение были ключом в его трансформации, также, как и создание контейнера безопасного места, который он мог использовать для трансперсонального опыта и исцеления. Это иллюстрирует, как пробуждение может со временем эффективно перейти в кризис благодаря ряду способствующих факторов. Для Нико это были свойственная ему открытость и способность ченнелинга с раннего детства, несущие с собой экстрасенсорное осознание травмы головы, пробуждение от его собственного исцеления, стресс от желания изолировать свою жизнь и разложить её по полочкам, и сопротивление новым и конфликтным взглядам и убеждениям.

Не ясно, что послужило триггером кризиса, но Нико довольно быстро вернулся к более безопасному состоянию пробуждения. Несмотря на большую стабильность, состояние пробуждения по своей сути непрерывно меняющееся. Нико упоминает, что с тех пор он принял «важное решение, стать более открытым духовной стороне жизни». Нико и такие как он, могут благополучно продолжать своё путешествие с осознанием, терапией, по мере надобности, и принятием настоящей духовной и энергетической части их натуры и их жизней.

# Что Происходит Потом?

Несомненно, целью является ослабление хватки духовного кризиса и возвращение к стабильному духовному пробуждению. Для кого-то это может произойти быстро и просто, используя предложенные техники и внушения, особенно, это касается быстрого возникновения, как в случае с Мэлани. Для других это может быть дольше. Зачастую, это тонкая грань между принятием и желанием, чтобы это попросту всё прекратилось, как показано в случае с Нико. Помимо этого, есть те, кто выкарабкался из ямы отчаяния, изменился, стал покорять новые захватывающие вершины и жить новой жизнью, как Даниэль. Преодоление духовного кризиса не является финалом истории; для всех, кто его пережил, это начало. Также как и самоё тёмное время бывает перед рассветом, так и преодоление кризиса знаменует рассвет нового пути существования и, зачастую, жизни.

В заключение, несколько советов клиентам, преодолевшим духовный кризис. Для того, чтобы он вновь не повторился, им надо следить за своим физическим и энергетическим телом, и создать здоровое пространство, в котором они будут жить свою жизнь, позволяя выходу энергии через творческое самовыражение к чему у них лежит душа, пусть то будет искусство, письмо, танец, или любое другое дело. Они должны продолжать терапию по необходимости, замечая знаки и быть готовыми к работе с проблемой прежде, чем она появится.

Общий предмет среди тех, кто преодолел духовный кризис – это желание служить и использовать свой опыт для помощи другим. Принятие и понимание важной роли, которую сыграл духовный кризис в моей жизни, стало ключом к движению за пределы суждения и применению моего дара в помощь другим. Это дар признательности ощущать себя частью бесконечного дивного целого и знания о бессмертности нашей самой сущности, нашей души. Я чувствую себя благословлённой за пережитый опыт, и путь, который я выбрала, многому меня научил. Я каждый день напоминаю себе эти простые истины нашей души.

# Путешествие Героя Нашего Времени

Духовный кризис сравнивают с путешествием героя в мифах и легендах. Разные похождения символизируют стадии прохождения кризиса духовного пробуждения. Каждая история начинается с обычной жизни, а затем появляется возможность для приключения. Происходящее событие побуждает необходимость отправиться в путешествие, однако, страх неизвестного или возможной опасности может привести к отказу следовать дальше. Во время путешествия герой получает наставника, которой даёт ему навыки и уверенность, чтобы преодолеть первое препятствие. На пути наш герой сталкивается с испытаниями, встречает друзей и врагов. В итоге, герой доходит до цели и последнего препятствия, которое нужно преодолеть, чтобы получить награду, которую он искал. Возвращаясь с наградой обратно домой, герой вновь сталкивается с разными трудностями. Возможно, он захочет поделиться её с другими, чтобы они тоже получили пользу. Герою может понадобиться время для адаптации после того, как возбуждение и радость от возвращения домой сгладятся. Дом может выглядеть и ощущаться совсем иначе; он не поменялся, изменился герой. Скорее всего, ему потребуется снова привыкнуть к жизни в обществе.

У духовного пробуждения может быть очень похожая история, только напряженность, отсутствие контроля над путешествием и тем, что лежит впереди – вот, что отличается в кризисе. Для полного понимания значения и символа каждого из двенадцати элементов путешествия героя, Катерина Люкас, основатель Центра Духовного Кризиса Великобритании, раскрывает смысл в одной из глав своей книги *«В Случае Духовного Кризиса»*.

# Краткое Изложение Техник

- Стабилизируйте переживание кризиса. Успокойте и объясните про изменённые состояния.

- Прекратите все духовные практики и изменённые состояния до стабилизации кризиса.

- Насколько возможно, устраните навязчивую энергию, используя техники, которые не требует активного участия клиента.

- Заземление является ключевым фактором во время преодоления духовного кризиса. Побуждайте регулярное использование осознанных (майндфулнесс) заземляющих упражнений, в идеале, каждый день и, непременно, как только вы обнаружите, что они потеряли контакт с реальностью или чувствуют наступление нежелательного переживания.

• Имейте в виду, что некоторым людям по началу может быть сложно заземляться, или они даже могут активно сопротивляться процессу.

• Во время духовного кризиса энергетическое тело более чувствительно и уязвимо к навязчивым энергиям. Энергетическая защита выполняет роль барьера, не дает проникнуть навязчивой энергии в энергетическое тело, препятствует его ослаблению и торможению прогресса.

• Осознанное открытие и закрытие энергии может быть предпринято только во время стабильных периодов. Во время эпизодов духовного кризиса, больший акцент ставится, главным образом, на закрытие.

• Когда состояние кризиса стабилизировано, создайте Безопасное Внутреннее Место как для укрепления эго, так и как безопасный контейнер для медитации, терапии и всех других форм энергетической работы.

• Позвольте подсознательному материалу с сильным эмоциональным зарядом проявиться в сознании. Его можно исследовать, исцелить и трансформировать безопасным путём, когда энергетический кризис будет стабилизирован и задействованы техники.

# Об Авторе

**Джанет Трелоар (Janet Treloar)** Dip Hyp, Dip RTh, SAGB app, SRF accrd.

Будучи подростком, Джанет пережила свой собственный Духовный Кризис. Его сильное влияние на её жизнь открыло в ней желание помогать тем, кто проходит через энергетический кризис. Она является квалифицированным Духовным Целителем, Практиком Освобождения Духа, Регрессионным Терапевтом, Терапевтом Регрессии в Жизнь между Жизнями, Гипнотерапевтом и сертифицированным тренером *Академии Регрессии в Прошлую Жизнь*. Джанет читает лекции и проводит семинары по всему миру на разные темы, включая духовный кризис. Для дополнительной информации посетите её вебсайт: www.planet-therapies.com или напишите ей по электронной почте: janet@planet-therapies.com.

# Литература

1. Гроф Кристина и Станислаф (Grof, Christina & Stanislav), *Неистовый Поиск Себя*, Thorsons, 1991.
2. Allen, Sue, *Spirit Release: A Practical Handbook*, O Books, 2007.
3. Lucas, Catherine, *In Case of Spiritual Emergency*, Findhorn Press, 2011.
4. De Alberdi, Lita, *Channelling; What it is and how to do it*, Piatkus, 1998.

# 9

# Гармоника – Холистическое Исцеление Звуком

**Рина Кумарасингхэм (Reena Kumarasingham)**

*Разве ты не знаешь, что наша душа состоит из гармонии?*
Записи, Леонардо да Винчи, (1452–1519)

## Введение

Звук повсюду – звук окружает нас ... звук внутри нас. В древних писаниях Санскрита Упанишад даже говорится следующее: «Звук есть Создание» - что даже в величественном молчании небытия, можно услышать мистический гул «Ом».

Давайте немного разберёмся ... Обращаясь к Теории Струн, разработанной в середине 20ого века, базовым основополагающим компонентом создания, по сути, является колеблющаяся или вибрирующая энергия в виде струны. Если струна колеблется одним образом, мы определяем её как электрон. Если она колеблется другим образом, мы будем называть её кварком или фотоном, и так далее. Всё, что двигается и колеблется производит вибрацию, а там где вибрация, там неизбежно есть звук.

Итак, основываясь на этом основном критерии, что всё существующее состоит из колеблющейся энергии, которая издает звук, тогда материя – это плотно упакованная энергия, которая вибрирует и звучит, образуя целое.

Не удивительно, что Теория Струн была не первой теорией, описывающей всемирный звук и гармонику. Помимо упоминания в Упанишад и Веды, также о важном значении звучания говорили древнегреческие философы. В 500 году до н.э. Пифагор высказал предположение, что «каждое небесное тело, и фактически каждый атом, издаёт в своём движении особенный звук, свой ритм или вибрацию. Все эти звуки и вибрации создают вселенскую гармонию, в которой каждый элемент, сохраняя свою собственную функцию и характер, вносит свой вклад в единое целое».

Более 2000 лет спустя, современная писательница Александра Давид-Неель поддержала утверждение Пифагора, написав: «Все вещи – это скопления танцующих атомов и своим движением они создают звук. Когда ритм танца меняется, звук, который он производит, также меняется … Каждый атом постоянно поёт свою песню, и звук постоянно создаёт плотные тонкие формы».

Так что же именно понимается под звуком? Звук является энергией, созданный вибрационным телом. Звук передаётся звуковой волной. Звуковая волна состоит из следующих разных параметров:

a. Частота – Скорость каждой звуковой волны вибрирует, тем самым определяя тон.
b. Амплитуда – Размер каждой звуковой волны, который определяет громкость, измеряемую децибелами.

c. Тембр – Качество, которое позволяет нам отличить тональность одного звука от другого – индивидуальный для каждого организма или инструмента.

d. Резонанс – Интонация ноты, которая находит свой уровень в отражении другой ноты, создавая гармонию. Ноты соразмерны, спокойны, наполнены силой и радостью.

e. Ритм – сильный повторяющийся звуковой паттерн.

Это можно продемонстрировать на гитаре. Пяти струнная гитара имеет пять струн разной толщины, растянутых на полой деревянной коробке. Пять разных струн вибрируют на разных частотах (зависит, главным образом, от длины и размера струн), создавая разные тональности и ноты. Когда разные ноты гармонично сливаются вместе, они создают резонанс. Сила нажима во время бренчания или переборе струн определяет размер волны, что, в свою очередь, определяет уровень децибел. Материал полой коробки и струн определяет тембр. Когда частота, резонанс и амплитуда отдельной струны сливаются воедино в доставляющей удовольствие ритмичной манере, создаётся музыка.

Таким же образом, материя является колеблющейся и вибрирующей энергетической струной, создающей звуки. Когда частота, резонанс и амплитуда каждой энергетической струны гармоничны, материя здорова. Когда вся материя вибрирует и резонирует гармонично, сущность всей материи гармонична и здорова. Когда вся материя Вселенной резонирует гармонично, Вселенная является здоровым организмом.

До тех пор пока вибрации и частоты Вселенной продолжают повышаться так, что вся материя, из которой состоит Вселенная, вибрирует и резонирует на том же уровне, будет гармония. Однако, как правило, сначала один аспект Вселенной сдвигается, создавая дисгармонию и неудобство. Во время этого переходного периода вся материя пытается сдвинуть свой отдельный резонанс, чтобы соответствовать данному аспекту. Имея достаточно времени, в конце концов, все аспекты материи начнут резонировать на одном уровне, позволив произойти сдвигу на частоте, как правило, более высокой вибрации. Всё находится в гармонии, пока другой аспект не решит сдвинуться. Это непрерывный круговорот постоянно развивающейся Вселенной, в которой мы живём.

Это всё очень захватывающе, но как это относится к нам, людям, и, более конкретно, к терапии?

Кэтрин Плеер, автор книги «Звук Исцеления», отмечает в книге Рене Броуди *Целительные Звуки Хрустальных Чаш*, что звук влияет на нас сильнейшим образом. Он взаимодействует с нами, чтобы создать гармоничную атмосферу. Музыка или слова одобрения могут воодушевить, в то время как громкий шум или эмоция могут сотрясти энергетическое поле, приводя к внезапному высвобождению энергии, и мы ощущаем себя опустошёнными. На протяжении тысячи лет звук применялся в качестве признанного инструмента исцеления, поддержки, центрирования, помощи распознавания собственного потенциала, расширения сознания и установки средства коммуникации, при, на первый взгляд, невозможных обстоятельствах.

В этой главе это будет показано более детально. Вначале, мы рассмотрим как взаимодействуют звук и тело. Это подведёт к обсуждению вопроса, как звук влияет на наши воспоминания. Затем, мы рассмотрим теоретические и практические аспекты использования звука для исцеления.

# Звук, Тело и Мозг

Тело – это великолепный комплексный союз минералов и элементов, клеточных и молекулярных структур, созданных из энергетических струн, которые вибрируют и колеблются с разными скоростями. Опираясь на то, что говорилось во введении, каждая «струна» звучит по-разному. Человеческое тело, таким образом, является живым существом, состоящим из многих вибраций и частот.

У здоровой личности всё это количество звуков, вибраций и частот гармонично резонирует друг с другом, как оркестр, создавая красивейший звук, уникальный для каждого человека. Каждый здоровый орган как отдельный хорошо настроенный инструмент в оркестре, вибрирует на своей собственной частоте, но в то же время идеально гармонирует и синхронизируется в рамках всей своей среды - тела.

Человеческое тело также является естественным резонатором и вибратором. Всё тело отзывается на звук и поглощает его, неважно, слышим ли мы его осознанно или нет. Даже, не смотря на обучение и исполнение нашего сознания не реагировать на звук, наше тело этого не делает. Оливия Дьюхерст-Мэддок говорит: «Когда звуковые волны входят в наше тело, в живых клетках происходит ответная вибрация. Высокое содержание воды в тканях организма помогает проводить звук, и каждый атом, молекула, клетка, ткань и орган тела постоянно транслирует частоты физической, эмоциональной, психической и духовной жизни».

Нездоровое тело является результатом дисгармонии внутри вибрации организма. К примеру, орган внутри тела заболевает, когда его вибрация асинхронна с вибрацией всего тела. Обстоятельства, которые оказывают влияние на вибрации и частоты организма (макро и микро) включают наши эмоции, наши мысли, болезни, желания души и энергию вселенского сознания.

Опыт различных видов вибрационной медицины показал, что каждый тип травматического события несёт в себе резонансный сигнал. Эти блокировки или диссонансы в вибрациях всего организма сохраняются до тех пор, пока частоты резонируют с сознанием или тоном события. Таким образом, очень важно проработать и освободить воспоминания и энергетический заряд травмы, чтобы освободить соответствующий резонансный сигнал и вернуть частоту здоровой личности к резонансу её уникальной песни.

Что такое диссонанс? Диссонанс – это отсутствие гармонии между звуками или музыкальными нотами. Диссонанс – это также отсутствие договорённости между людьми и вещами. Перенося это на микро-материю, диссонанс происходит, когда вибрационные частоты одной части материи находятся в дисгармонии с другой. Это может быть дисгармония между физическими клетками и органами, а также между мыслями и эмоциями, эмоциями и поведением, даже между мыслями и физическими клетками.

Возьмём, к примеру, человека, который презирает свою работу, но всё ещё ходит на неё каждый день, чтобы заработать деньги и оплатить счета. Или скажем человек находится в сложных или презрительных отношениях без любви, ради благосостояния детей, несмотря на то, что он ненавидит каждую минуту, проведённую в этих отношениях. Это два примера, в которых психическое, эмоциональное и тонкое тело человека находятся в дисгармонии с их внешними обстоятельствами. Внутри человека происходит дисгармония, когда отсутствует соответствие или аутентичность внутри, точно также между людьми и окружающих их средой. Длительное воздействие этой дисгармонии приводит к диссонансу внутри человека.

Оставляя это без внимания достаточно долгое время, энергетический уровень истощится, что приведёт к неминуемому разладу и ослаблению тела – физического, эмоционального, психического, или тонкого тел.

Когда в нашем теле происходит диссонанс, нам становится не по себе. Мы чувствуем себя не комфортно во всех наших телах – физическом, эмоциональном, психическом и тонком, потому что внутри нас царит дисгармония. Диссонанс происходит также в том случае, когда существует вибрация или частота более низкая или отличающаяся от суммированной вибрации, что сказывается на нашем благополучии. Именно дискомфорт заставляет нас по-разному реагировать. Это просто указывает нам на то, что рычаг диссонанса больше не нужен, и мы вновь спешим найти наши резонанс и гармонию.

Диссонанс позволяет выявить ненужные и бесполезные чувства, чтобы мы могли их проработать таким образом, чтобы они больше не оказывали на нас влияние. Когда нежелательный триггер будет устранён, а наши вибрации вновь вернутся к гармонии, они больше не будут на нас влиять. Это позволит нам более твёрдо и ясно осознать, кем мы являемся, а также позволит нам вибрировать на гораздо более высокой частоте.

Звук также играет важную функцию в нейрофизиологии воспоминаний. Височная доля является основным аспектом мозга, который перерабатывает слуховую информацию. Доминантный (верхний) и медиальный (центральный) аспекты височной доли получают слуховую информацию от части таламуса, которая передаёт информацию от ушей. Височная доля находится довольно близко к лимбической системе, в которой кодируются длительные воспоминания и сильные эмоции. Параллельно лимбическая система обрабатывает звук, она учитывает его эмоциональную тональность, а также хранит долговременную память.

Рита Картер в книге «*Как работает мозг*»[2], рассказывает как 1950х годах это было доказано канадским нейрохирургом Уилдером Пенфилдом, который составил карту больших областей коры головного мозга, путем присоединения электродов к разным областям мозга сотен эпилептических пациентов. Он обнаружил, что стимуляция точек в височных долях вызывает яркие детские воспоминания или обрывки давно забытых мелодий.

Это также указывает на то, что долгосрочные воспоминания распределяются в мозге, запечатлеваясь в тех же местах, где хранился первоначальный опыт. Например, приятное детское воспоминание как кто-то гуляет по саду, вдыхает аромат цветов, слушает пение птиц, наслаждается пейзажами тёплого дня, будет сохранено в различных сенсорных зонах: пение птиц в - слуховой зоне коры головного мозга, запах цветов - около лимбической системы. Из-за того, что изначально все они были связаны, при вызове одной части воспоминания, воспроизводится всё воспоминание целиком, также подключается и эмоциональная реакция. Однако, находясь наиболее близко к лимбической системе, именно, запах, с последующим звуковым триггером, оказывает воздействие первым.

Негативные звуки также перерабатываются и хранятся в мозге, как было описано выше. Возьмём, например, классический случай посттравматического стрессового расстройства, в котором ветеран войны пригибается каждый раз, когда слышит хлопок. Во время войны его тело научилось нагибаться каждый раз, когда он слышит взрыв из-за страха быть застреленным. В этом случае, звук выстрела запечатлевается в слуховой коре головного мозга, реакция позиции тела сохраняется в соматосенсорной коре головного мозга, а лимбическая система вызывает эмоцию, в данном случае – страх. В настоящем времени, мозг и слуховая кора головного мозга не могут различить между звуком выстрела и звуком падающих горшков, как и не может определить линейность времени. Поэтому, когда он слышит грохот падающих горшков, слуховая кора мозга стимулируется, вместе с лимбической системой и соматосенсорной корой головного мозга, и его реакция будет похожей на ту, когда он находился в военной зоне.

Терапия нашего ветерана будет просто заключаться в работе над звуковым триггером, проработку воспоминания, перепрограммирование и устранение обусловленного поведения по отношению к звуковому стимулу. В данном случае эффективна регрессионная терапия.

Исцеление человека будет заключать в себе приведение всех тел индивидуума обратно к гармонии с его внешним событием. Как сказал психолог Джеймс Хиллман: «Диссонанс может очистить путь для того, чтобы гармония смогла войти и наполнить наше существо».

# Гармоника и Исцеление

Порфирий, биограф Пифагора, сказал: «Пифагор в первую очередь основывал музыкальное образование на определённых мелодиях и ритмах, которые приносили исцеление, оказывали очищающее воздействие на действия и страсти человека, восстанавливая «чистую гармонию» душевных способностей. Он применял тоже самое к исцелению как тела, так и разума».

**Как Звук Это Делает?**

Звук возбуждает энергию. Квантовая физика утверждает, что звук создаёт поочерёдную волну, создавая частоту на частоте. Эта энергия может быть направлена и оказывает воздействие на что угодно. Если материя находится в диссонансе со звуком, звук может разбить материю. Примером тому является довольно высокая частота разбивающая тонкий кристалл или стекло, или ультразвук бурящий дырки в стенах. Гармония достигнута, если материя находится в резонансе со звуком.

Наше тело, будучи естественным резонатором, великолепно реагирует на терапию звуком. Мы отмечали, что болезнь возникает при дисгармонии между вибрациями в теле. Когда внешне созданный звук проецируется на нездоровую область, телу вновь предоставляется правильный гармоничный паттерн для резонирования, что возвращает дисгармоничные частоты тела обратно к нормальным, здоровым вибрациями. Как показано ниже, звук оказывает различное воздействие на различные части тела.

## Звук и Физическое Тело

Человеческое тело является живым существом, состоящим из вибраций и волн. Здоровый орган хорошо настроен, то есть он вибрирует на своей собственной частоте в резонансе со всем телом. Частота больного органа нарушена. Когда проводится звуковая терапия, создаётся первоначальная гармоничная частота органа, и то же самое происходит с пространством вокруг органа. Эти мощные вибрации быстро распределяются по телу и дают телу стимул вновь открыть свою собственную гармоничную частоту в момент вибрации на частоте терапии. Это позволяет телу настроиться на свою собственную ненарушенную частоту, и привнести внутрь гармонию и резонанс.

## Звук и Ментальное Тело

Звук может дать возможность мозгу вибрировать на определённых частотах. Измерение электромагнитных мозговых волн показали, что существует целый ряд легко распознаваемых длин волн, каждая из которых связана с различными состояниями сознания. Альфа-волны наблюдаются во время гипноза, медитации и повышенных состояний сознания. Когда звуковой терапии удаётся перенести мозговую волну в альфа или тета-волну, мозг очищается от шума и нежелательных мыслей. Это может помочь с различными проблемами и понизить уровень стресса в нашей жизни, и, таким образом, улучшить здоровье в целом.

## Звук и Эмоциональное Тело

Звук, в основном, перерабатывается в височной доле головного мозга, которая находится очень близко к лимбической системе. Поэтому, звук вызывает эмоциональные состояния, которые не всегда признаются логическим разумом. Когда создаётся звуковая гармоника, телу напоминают о глубоких эмоциях и связях со Вселенской Любовью. Звук позволяет эмоциональному телу искать и получать доступ к частоте, к которой оно так сильно стремилось. Диссонирующие звуки также дают возможность телу искать и находить свою собственную уникальную частоту, и, выполняя это, тело приходит в баланс со своей настоящей аутентичностью, таким образом, возвращаясь к резонансу с самим собой.

## Звук и Тонкие Тела

В *«Тимей»* Платон писал: «Музыка человека рассматривается как средство восстановления души, где беспорядочные и неблагозвучные страдания тела влияют на гармоничные пропорции, которые оно разделяет со вселенской душой космоса».

Звук и музыка также могут быть использованы в качестве средства установки связи с высшими энергиями. Правильные звуки и музыка могут усиливать вибрацию тонких тел, приводя к более тесной связи с высшими энергиями. Это могут делать определённые частоты, но более эффективно это чаще делают определённые звуки (тембры) или определённые переходы в песне (музыкальные интервалы и ритмы). Вы также можете делать это энергетически посредством намерения. На самом деле, согласно закону Создания, мы уже являемся частотами Вселенной … то есть, там, где мы - часть одного целого. Некоторые называют этот звук «Космический ОМ».

В конечном итоге, все эти тела, находящиеся в человеке, должны вибрировать на своих собственных природных частотах и гармонично резонировать друг с другом, излучая и усиливая уникальную музыку индивидуума.

Далее, мы рассмотрим звук и подсознание с примерами, иллюстрирующими слияние взаимодействий звука и физического, ментального, эмоционально и тонкого тела.

# Звук и Подсознание

У нашего подсознания очень тесные взаимоотношения со звуком, не только из-за энергетических качеств, но также благодаря тому, как устроена нейрофизиология. Слуховая зона коры головного мозга перерабатывает звук преимущественно в височной доле, которая расположена около лимбической системы, отвечающая за хранение и обработку долговременной и эмоциональной памяти. Таким образом, когда стимулируется слуховая кора головного мозга, воспоминания и эмоции, связанные с этим звуком, быстро возбуждаются, предоставляя нам довольно простой доступ к первичным воспоминаниям .

Первый раз я испытала на себе силу звука на подсознание в Индии, где читала лекцию вместе с Энди Томлинсоном на конференции Ассоциации по Исследованию Регрессии и Реинкарнации (ACPP). Энди требовался волонтёр для демонстрации Телесной Терапии, который бы уже был эмоционально настроен для быстрого проведения перехода и демонстрации. У меня была идея интуитивно сделать тонинг (пр.пер. прозвучить) «ОМ» на разной высоте, направив его этой группе из 80 человек и посмотреть реакцию.

У моей гипотезы было два аспекта:

a. Так же, как звук является вибрацией, наши эмоциональные блоки/трудности тоже - вибрация. Если частоты обоих резонируют, звук может проникнуть в блок и освободить эмоции, позволив им выйти на поверхность.

b. Раз звук перерабатывается рядом с лимбической системой, когда произойдёт резонанс, он подтолкнёт мозг воспроизвести воспоминание и соответствующую физическую реакцию.

Я надеялась, что хотя бы один человек отзовётся на это первое открытое испытание.

На самом деле случилось следующее: у двух третьих группы была сильная реакция на тонинг. Кто-то рыдал, у кого-то начался приступный кашель, а кого-то даже вырвало. Мне пришлось быстро сделать направленную визуализацию, чтобы успокоить энергии всех, кроме человека, которого выбрали для демонстрации. Выбранную нами девушку для демонстрации быстро погрузили в нужную сцену с помощью моста, и Энди смог показать телесную терапию для устранения исходной эмоции, над которой она работала (удушение в прошлой жизни).

Так пробудился мой интерес к возможностям звука пробуждать подавленные и сдерживаемые эмоции. Также, это заставило меня осознать важность звука как инструмента, пробивающего энергетические блоки и эмоциональные отключения для эффективных сессий регрессии.

Я знаю одного терапевта в Австралии, которая совмещает интуитивное обертонное пение с регрессией в прошлую жизнь. Один её клиент, с которым они работали над проблемой бессилия, не мог войти в прошлую жизнь. Терапевт стала интуитивно петь и её клиент вошёл в прошлую жизнь, в которой он жил в племени. Более впечатляющим являлось то, что эта прошлая жизнь была источником проблемы, над которой он работал, а обертонное пение помогло ему получить доступ к Точке Входа, которая являлась проекцией бессилия. Это заставило меня осознать насколько сильно звук влияет на подсознание, получая доступ к подавленным воспоминаниям и пробиваясь через отключения, чтобы способствовать исцелению.

Другая захватывающая область в регрессии, особенно, в регрессии в прошлую жизнь, в которой звук играет роль, это область ксеноглоссии - способность говорить на незнакомом иностранном языке. Это особенно касается регрессии в прошлую жизнь, что добавляет достоверности к регрессии как аутентичному проявлению воспоминаний, а также к действенности терапии. В регрессии в прошлую жизнь вполне возможно помочь клиентам получить доступ к языковой памяти через звук, или, более конкретно, через песню.

Младенцы и дети очень восприимчивы к звуку, изменениям в интонации голоса, тону, и музыке. Распознавание своего основного опекуна (мать), определение предупредительных сигналов является эволюционным механизмом выживания для младенцев; это базовая коммуникация до того, как произойдет понимание языка. Понимание языка, фактически, является памятью различных звуков слов и поведенческого, эмоционального или умышленного значения, стоящего за этими словами. Чем больше тренировки и практики со словами и значениями, тем лучше память и восприятие к языку. Также, эти звуки перерабатываются рядом с лимбической системой, тем самым оказываясь в более близкой связи с долговременной памятью и эмоциональными триггерами.

Один из способов, которым я пользуюсь, чтобы попробовать навести ксеноглоссию - доступ к песне из детства через сильные эмоции. Шаги, которые я предпринимаю, включают:

a. Помощь клиенту получить доступ к чрезвычайно радостному воспоминанию прошлой жизни.

b. Добиваясь, чтобы они вырастили это чувство радости в своём теле.

c. Используя радость в качестве эмоционального моста для доступа к детским воспоминаниям, когда они пели или веселились.

d. После того, как они получили доступ к этому воспоминанию, и после того, как они убедились, что прибывают в приподнятом состоянии радости, я попрошу их петь. Как правило, это отрывки песни - на языке личности прошлой жизни, к которой они получили доступ.

Конечно, одна из оговорок к определению ксеноглоссии - убедиться в том, что у клиента никогда не было доступа к этому языку - будь то через массовую информацию, книги, или даже контакт (не важно насколько короткий) с носителем языка.

У меня была клиентка, которая родилась и выросла в Малайзии, и некоторое время жила в США. Когда она пришла ко мне на сессию, она погрузилась в прошлую жизнь в Уэльсе. Одним из посещённых ей эпизодов была сцена на ярмарке, когда она, будучи маленькой девочкой, пела и танцевала с другими девочками. Я воспользовалась этой возможностью вырастить чувство радости внутри неё и попросила спеть для меня. И она стала петь на иностранном языке. Дело в том, что песня выходила отрывками, а не свободно, потому что её рту необходимо было привыкнуть к артикуляции. Поэтому, я могла записывать фонетически то, что она произносила. Она взяла копию моих записей для изучения и позже рассказала мне, что язык, на котором она пела, был старым Гэльским Валлийским, так как это была традиционная валлийская народная песня. Прежде у неё не было доступа к этому языку.

Это, вновь, доказало мне важность звука и доступа к воспоминаниям.

Звук не просто важен для доступа к воспоминаниями, он может быть также использован различными энергетическими способами. Он может быть использован для установки энергетического пространства, в котором проводится терапия или тренинг. Звуки с высокой вибрацией автоматически повысят вибрацию пространства, в котором производится работа. Это потому, что вибрации в комнате будут стремиться к резонансу звука. Чем выше и чище вибрация целительного пространства, тем глубже терапия, тем более эффективна сессия для клиента.

Также можно пользоваться CD-дисками с заранее записанным пением (Грегорианским), мантрами, обертонным пением, поющими чашами и многим другим. Однако, я предпочитаю использовать мои собственные поющие чаши, так как я могу установить намерение конкретно для сессии, над которой я работаю. Следующая часть продемонстрирует, почему так важно намерение в интуитивной работе со звуком. Но в общих словах, установка намерения и обертонное пение в согласии с этим намерением, делают результат сессии более эффективным по отношению к достижению поставленной цели.

В зависимости от условий, а также причин, обертонное пение и звук могут быть использованы для возвращения вибраций клиента, над которыми мы работали, обратно в нормальный мир. По окончанию сессии, это уменьшит (хотя и не полностью устранит) негативные эффекты от вхождения, порою, в более низкие вибрации повседневной жизни. Наша основная конечная цель как терапевтов – помочь улучшить качество их жизни с минимальной для них сложностью и дискомфортом.

Также, я даю своим клиентам один из моих CD-дисков Медитации Божественного Естества, который наиболее подходит их проблеме, чтобы помочь им удерживать вибрации на том уровне, который у них был во время сессий. Медитации на CD-дисках не только укрепляют установки сессии, но и позволяют вибрациям клиентов постоянно находиться на уровне, который был достигнут ими во время сессии и до того момента, когда клиент сможет сам поддерживать эту вибрацию. Всё на моих CD-дисках с медитациями было создано с намерением о высокой вибрации. Музыка, аккомпанирующая внушения, была подобрана специально с намерением соответствия с вибрацией внушений. Энергия и вибрации, исходящие от голоса во время записи, также соответствуют достигнутым для моих клиентов целям.

Наш собственный голос является инструментом звука, и может быть самым действенным целительным средством, которое у нас есть.

Одна моя клиентка пришла ко мне несколько лет назад, и прошла через серию интенсивных сессий, направленных на улучшение своей самооценки. Изменения, которые она испытала после сессий, были огромными, и она была очень довольна. Несколько месяцев назад в её жизни случился один маленький эпизод, не такой плохой, какие были у неё до сессий, но немного неудачный по сравнению с несколькими годами после сессии. Из-за расстояния, она не могла прийти на сессии. Я посоветовала ей приобрести CD-диск с Медитацией, который был актуальным для её проблемы, что она и сделала, и спустя несколько дней использования CD-диска она вернулась к своему счастливому, осознанному Я. Диски могут быть также использованы с людьми, которые по той или иной причине не могут приходить на сессии. После собственного опыта, моя клиентка купила ещё пару CD для друзей, которые, как она знала, боролись с подобным комплексом. Хотя эффект был не таким быстрым, у её друзей наблюдалось некоторое улучшение после постоянного использования CD-дисков.

Таким образом, звук, совместно с внушениями, тоже может быть эффективным с клиентами в работе с подсознанием.

Существует много других техник, которые используют звук для доступа и работы с подсознанием. Один из методов называется развлечение мозга, который использует вибрирующие вилки, настроенные на различные частоты мозговых волн. Также есть музыкальная терапия, в которой музыка используется в терапевтическом отношении к физическим, эмоциональным, когнитивным и социальным нуждам личности. После оценки сильных сторон и нужд каждого клиента, квалифицированный музыкальный терапевт производит показанную процедуру, включая создание, пение, движение под музыку и/или прослушивание музыки.

Я уверена, что существует много других методов, которые используют звук для холистического исцеления человека. Основным принципом, стоящим за исцелением звуком, стоит новая гармонизация всех различных тел человека, чтобы вновь раскрыть красоту и величественность их внутренней песни. Действуя таким образом, мы исцеляем целую личность.

# Практические Средства и Советы

Рене Броуди пишет: «Когда вы производите исцеление звуком, звук резонирует в вас и двигает энергию, чтобы убрать нежелательные блоки и убеждения. Звук возбуждает энергию на глубоких уровнях, освобождая все эмоции и усиливая поток намерения. У клеток есть вибрационная память и им просто необходимо напоминать освобождаться и приводить себя в состояние баланса».

Как нам убедиться в том, что используется правильный звук, интонация, частота и резонанс?

**Намерение**

Джонатан Голдман, автор книги «Целительные Звуки», подчеркнул важность Намерения. Он говорит: «Намерение – это энергия, стоящая за создаваемым звуком». Кэтрин Плэйер подтверждает его слова, говоря: «Намерение усиливает и позволяет повысить качество энергии, содержащейся в звуковой волне» (*«Целительные Звуки Хрустальных Чаш»*[1]).

Таким образом, первая самая важная вещь, которую необходимо сделать - это создать намерения для исцеления звуком. Я рассматриваю установку намерения как создание энергетической мегатрассы, а инструменты звука как машины, которые будут использовать трассу, чтобы добраться до желаемой цели. Без намерения, желаемый эффект исцеления звуком собьётся, и сессия будет сорвана.

Установка намерения требует максимум одну минуту. Шаги для установки намерения таковы:

a.  Наличие ясного представления или идеи о конечном исходе сессии, разработанные в совместном сотрудничестве терапевта с клиентом.
b.  Позитивная формулировка.
c.  Проецирование во Вселенную.

Простое, эффективное, императивное.

## Интуиция

Если намерение является энергетической мегатрассой, тогда интуиция, разумеется, водитель. В исцелении звуком, рациональная мысль слишком переоценена. Лучший способ создать подходящий звук или тон исходит из интуиции или вдохновения.

Ни у одного музыканта или композитора с мировым именем нет логической формулы для создания музыки. Всё исходит от их души, и от вдохновения, основанного на намерении. Исполнитель может быть музыкантом или певцом, когда он поёт или играет механически. Исполнитель, который исполняет от души, является артистом. Когда сделано правильно, музыка, которая представляет собой комбинацию звуков, двигается и исцеляет миллионы, или даже миллиарды.

Точно также, звуковой тонинг, игра на поющих чашах, гонги, чантинг (*пр.пер., пение чантов*) – всё происходит от вдохновения. Это возможно сделать, просто представив, что звук исходит от Божественного Источника, а мы просто делаем ченнелинг или являемся проводником для этого звука.

Интуиция управляет «что», «где» «как» и «как много», чтобы достигнуть целей намерения.

## Средства

Итак, с помощью намерения мы создали звуко-энергетическую мегатрассу, и у нас есть водитель в лице нашей интуиции … Какой транспорт нам выбрать, чтобы достичь цели? Вот где в игру вступают средства.

Существует так много средств, которые можно использовать для исцеления звуком. Ниже я подготовила список, но прошу отметить, что он не полный:

a. Наш собственный голос – возможно, наиболее сильнодействующее, определённо самое органичное и универсальное целительное средство. И мы используем его для исцеления такими разными способами, как: гипноз, направляющие медитации и регрессии, чантинг, тонинг (например, «Ом»), пение.

б. Поющие Чаши – поющие чаши бывают из самого разного материала и самых разных размеров. Они могут быть сделаны из металла (например, тибетские поющие чаши) или кристаллов (например, кварц). Я отдаю своё предпочтение поющим чашам из различного вида кристаллов (сердолик, изумруд, и так далее). Поскольку эти чаши работают с технологиями звука, кристалла и цвета, чтобы создать мощные целительные средства. Размеры чаш определяют тон и высоту или частоту звука. Чем больше чаша, тем глубже производимый тон и тем больше эффект заземления. Чем меньше чаша, тем выше резонанс, тем больше она позволяет слушателям возвыситься. Различная высота звука чаш соответствует разным чакрам или энергетическому резонансу человека. Производители поющих чаш не определяют высоту звука чаши. После её создания, чаши решают, какой они будут высоты.

в. Барабанная дробь – Это интересный инструмент, так как он больше фокусируется на тонинге и ритме, без особо внимания к высоте. Но частоты и резонанс всё ещё мощно работают в человеке.

г. Гонги – самый величественный инструмент звука, помогающий повысить частоты людей.

д. Музыка – для исцеления звуком можно использовать любой музыкальный инструмент: арфа, пианино, даже флейта. Квалифицированные звуковые терапевты используют слияние всякого рода инструментов, чтобы содействовать максимально сильному возможному исцелению своих клиентов. Иногда, прослушивание особенно прекрасного музыкального произведения или песни по радио или на сцене пробуждает в нас что-то и освобождает до поры, пока они затрагивают правильный резонанс, который коррелирует с нашими нуждами.

Когда речь идёт о средствах, которые могут быть использованы, предел - только небо. Позвольте интуиции выбрать правильное средство, которое резонирует с вами – терапевтом. Мой личный опыт - средство выберет вас, а не наоборот.

## Советы

1. Самый важный совет, который я могу дать - мы *обязаны* отойти в сторону и стать чистым проводником для энергии. Если что-то нас спровоцирует (ментальное, эмоциональное или физическое), приведённая в действие энергия смешается с намеренной энергией и конечный эффект будет сорван.

2. Если используемый инструмент производит глухой звук, то пришло время для чистки. В этом может помочь использование шалфея и очищающих спреев. Если инструмент мобильный, то поможет заряд водой, иногда, предпочтительнее использовать влажную тряпку. Хрустальные поющие чаши можно зарядить под лунным или солнечным светом. Также может сработать помещение инструментов под пирамиду для их заряжения.

3. Если инструмент не резонирует с вами–терапевтом, просто уважайте это, и отложите инструмент в сторону.

Через некоторое время попробуйте его снова. Если он резонирует, снова начните его использовать. Если нет, то может быть пришло время продать или подарить инструмент.

4. Покупайте инструменты только у честных продавцов, а также у тех, кто привносит энергию в производство инструментов, с которыми вы резонируете. Вновь, позвольте интуиции вас направить.

Самое важное – любить и наслаждаться тем, что вы делаете, и вашими инструментами. Это создаст лучшую энергетическую основу для постройки, и люди будут резонировать с энергией, которую вы излучаете.

# Наше Сознание и Космическое Сознание

Давайте посмотрим на наше взаимоотношение со звуком и частотами на макро уровне. Насколько звук актуален для повышения наших вибраций, а также для космического сознания?

Корин Хелин сказала: «Все явления формируются и поддерживаются гармонией. Наука заявляет, что эта земля является обширной системой гармонической волны, которая строится и поддерживается неслышимой музыкой».

Люди часто говорят о «повышении своей вибрации», чтобы стать более духовно ориентированными. Люди также обсуждают движение от реальности Третьего Измерения к Четвёртому Измерению, а теперь реальности Пятого Измерения. Однако, что же это в действительности означает в отношении вибрации и звука?

Вначале, разговор о разных измерениях был для меня абстрактной концепцией научной фантастики. Однако, потом я прочитала вебсайт Патрика Крусейда на тему понимания измерений, где он довольно чётко всё объясняет, и разрешил для меня этот вопрос:

*Третье Измерение – это физический мир, в котором живёт человеческое сознание. Оно заякорено в линейном времени, а также является реальностью, основанной в пространстве. Всё в этой сфере существует на максимум 9000 вибрациях в секунду.*

*Под Четвёртым Измерением понимается реальность, в которой существуют как тёмная и так светлая полярности. Частота вибрации в данной реальности - между 9000 и 12000 вибраций в секунду. По мере того, как люди развивают высшие вибрационные качества существования, мыслей, чувств и действий, а также выходят за пределы кармических тенденций своих собственных теневых сторон, они притягиваются к световым импульсам четвёртого измерения.*

*Говорить о Пятом Измерении в рамках вибраций в секунду невозможно, так как в данный момент оно вне границ времени и пространства, хотя и взаимодействует с временем и пространством по собственному желанию. Помимо всего прочего, это пространственная, причинная плоскость, относящаяся к манифестации и созданию людьми во время сна в мирах низшего измерения. Другими словами, это там, где люди проживают свои сны в реальном времени и пространстве, а затем просыпаются и претворяют свои мечты в жизнь.*

Итак, согласно этому, существует осязаемое измеримое изменение частоты от одного измерения к другому. Для того, чтобы нам подняться от одного измерения к другому, наши собственные вибрации должны быть в гармонии с частотами релевантных измерений.

Как нам этого достичь? Это достигается разными способами, в частности, исцелением. Это также можно означать для нас, что мы оказываемся на гребне безусловной волны аутентичности и чистоты. Это также могут быть чистые мысли и действия, которые не причиняют вреда другим и ведут нас к большему резонированию и вибрации с нашим Духом и Душой.

Частота Любви, Души, Духа и Источника никогда не колеблется – никогда. Они всегда настолько чисты и согласованы, как любая вибрация на земле и во вселенной. Таким образом, когда мы резонируем с Безусловной Любовью и можем сообразно вибрировать на этой частоте, мы не только найдём в этой чистоте глубокий покой, но также будем сохранять наши вибрации на высоком уровне со всем, с чем мы соприкасаемся. Таким образом, мы удерживаем наши вибрации в соответствии с постоянным подъёмом эволюционного космического и планетарного перехода.

В древних ведических писаниях говорится, что вселенная держится на такой массивной, тонкой и всеобъемлющей космической вибрации, что всё видимое и невидимое наполнено ею. Эта космическая вибрация известна как звук Ом. Эта тонкая нить, но всё же настоящее взаимодействие между вибрационными существами во вселенной и планетой, далее иллюстрируется Барбарой Марсиниак в книге *«Приносящие Рассвет»*. Через ченнелинг она сообщила, что, когда целая планета сможет создать гармонику мысли и эмоции в физических и тонких плоскостях, вся планета изменится. Частота может транслироваться и звук переместится. И это поможет нам привнести более высокую вибрацию на планету во всём её великолепии, через наши эволюционировавшие тела и наше совместное сотрудничество.

Итак, если большая часть человечества один за другим начнет вибрировать на частоте чистой безусловной любви, или аутентичности или благодарности, то повысится не только вибрация каждого из нас, что приведет нас к желанным вибрациям более высокого измерения, но и позволит нам гармонично, как космическому оркестру, помочь всему человечеству и даже планете, достигнуть высшего сознания. Добраться туда – это только пол дела. Мы должны постоянно вибрировать в диапазоне от 9000-12000 вибраций в секунду, чтобы оставаться в высшем измерении.

Можем ли мы это осуществить? Как говорит Белый Орёл: «Жизненные гармонии спят в душе человека, и настраиваясь на божественные гармонии, душа человека звучит чистой и настоящей нотой во вселенской гармонии» (*Целительные Звуки Хрустальных Чаш*[1]).

Ответ ясен – твёрдое «Да». Некоторые могут сами постоянно поддерживать данную вибрацию на этой частоте, несмотря на все жизненные уроки и проблемы. Другим, таким как я, необходимо немного помощи и поддержки. Музыка, звук и регрессия – используемые мной способы, которые, на мой взгляд, очень эффективны.

# Заключение

Основная цель звука – быть транспортным средством, чтобы позволить всему творению развиться и создать свою собственную уникальную песню. Звуковая терапия может помочь нам понять и найти наши ноты. Через понимание наших собственных нот, мы можем быть по-настоящему в гармонии с собой и, когда необходимо, изменять доступную частоту нашего звука в резонансе с возвышением и эволюцией Космических Вибраций.

Звук является важной функцией регрессии, так как он не только энергетически прорывается и проникает в блоки, что позволяет освободить эмоцию, но он также тесно работает с эмоцией и хранением информации в долговременной памяти. Он используется в нейрофизиологии для доступа к подавленным воспоминаниям, которым требуется разрешение.

Регрессия позволяет очистить все тела, позволяя нам стать чистым проводником для нашего звука, осознать нашу собственную песню, и синхронно резонировать внутри себя и во вне.

Когда играет большой оркестр, у него много звуков — какие-то высокие, какие-то низкие, но в целом, звук очень гармоничный, прекрасный и трогательный. Когда мы тронуты звуком - это чудо, хотя мы сталкиваемся со звуком ежедневно в пределах нашей собственной вибрации и резонанса. Ещё большее чудо, что соприкасание наших песен с песнями других может способствовать переменам. В случае позитивного влияния, мы можем стать проводником и посредником сдвига в сторону высшего сознания — внутри себя, человечества и космоса.

«Люди говорят, что душа, слыша песню сотворения, вошла в тело, но, на самом деле, душа сама была песней».
Хафиз (1320–90)

# Об Авторе

**Рина Кумарасингхэм (Reena Kumarasingham)** BA (psy), MBA, Dip RT

Рина закончила факультет психологии, является практиком НЛП, международным регрессионным терапевтом, в том числе, в жизнь между жизнями (ЖМЖ). Она – директор *Божественного Аспекта*, чьё видение состоит в полноценной поддержке людей распознать свой собственный потенциал на пути к признанию и уважению своей собственной аутентичной природы. Рина также является тренером в Академии Регрессии, обучая студентов в Великобритании и США. Она также создатель *Медитаций Смесь Божественного Естества*™, серии из 12 медитаций на четырёх CD-дисках, созданные для отдельного или совместного пользования, чтобы помочь мягко повысить эмоциональное, ментальное и духовное состояния, а также найти нашу внутреннюю песню. Для дальнейший информации посетите её вебсайт: *www.divineaspect.com*, ли напишите на имейл: *reena@divineaspect.com*.

# Литература

1. Brodie, Renee, *The Healing Tones of Crystal Bowls – Heal Yourself with Sound and Colour*, Aroma Art Ltd, Canada, 1996.
2. Carter, Rita, *Mapping the Mind*, Phoenix Publishing, 1998.
3. Crusade, Patrick, *Understanding Dimensions* http://www.patrickcrusade.org/understanding_dimensions.htl http://www.soundhealingcenter.com/pmes.html

# ДОПОЛНИТЕЛЬНАЯ
# ЛИТЕРАТУРА

## Регрессионная Терапия

**Черчилль Р. (Churchill, R.),** *Регрессивная Гипнотерапия,* **Transforming Press, 2002.** Этак книга содержит обучающие материалы и полные сценарии сессий регрессии в текущую жизнь для разнообразных состояний, включая фобии, горе, недостаток уверенности, саботирование успеха, нездоровые отношения, насилие и страх одиночества. Это отличное руководство для начинающих, а также полезный текст для опытных терапевтов.

**Айрленд-Фрей, Л. (Ireland-Frey, L.),** *Освобождение Пленников (Freeing the Captives),* **Hampton Roads Publishing Company, 1999.** Это коллекция клинических случаев по терапии освобождения духов, которая представлена в очень привлекательной и удобной для чтения форме. Книга даёт более ясное понимание о том, как быть с навязчивыми энергиями в клиническом контексте, а также продвигает практику гипнотерапии и регрессионную терапию на один шаг ближе к холистической модели эмоционального, психического, физического и духовного здоровья.

**ЛяБэй М.Л. (LaBay, M.L.),** *Регрессия в Прошлую Жизнь – Руководство для Терапевтов (Past Life Regression – A Guide for Practitioners),* **Trafford Publishing, 2004.** Эта книга объясняет и демонстрирует использование терапии для прошлой жизни в плане консультирования, и получения более полного представления о своей личности и цели в жизни. В ней кратко изложена теория в форме интересных клинических случаев.

**Томлинсон Э. (Tomlinson, A.),** *Исцеление Вечной Души (Healing the Eternal Soul)***, From the Heart Press, 2012.** Это исчерпывающее справочное пособие по регрессионной терапии как для прошлой жизни, так и для жизни между жизнями. Энди в подробностях делится своим ценным опытом и использует конкретные клинические случаи для иллюстрации своей точки зрения и техник. Эта книга просто необходима для любого практикующего регрессионного терапевта и увлечёт любого заинтересованного в этом предмете читателя.

**Вулджер Р.,** *Другие жизни, Другие Я***, Bantam Books, 1988.** Эта книга про личную трансформацию через терапию прошлой жизни. В ней переплетены психология инкарнации с раскрытием секретов самых глубоких воспоминаний пациентов, чтобы объяснить, как можно преодолеть и вылечить эмоциональные слабости, унаследованные из прошлой жизни.

**Вулджер Р.,** *Исцеление Ваших Прошлых Жизней***, Sounds True Inc., 2004.** Эта короткая книга предлагает ряд интересных клинических случаев, демонстрирующих силу раскрытия прошлых жизней в процессе терапии. Она даёт понимание того, как симптомы текущей жизни могут быть связаны с трагедиями прошлой жизни и застывшими воспоминаниями. Она также предоставляет читателям ключ к разгадке тайн и загадок, с которыми они сталкиваются в своей текущей жизни.

# Интеграция и Движение Вперёд

**Картер Р. (Carter, R.), *Как Работает Мозг (Mapping the Mind)*, Orion Books, 2003.** Эта книга по нейропсихологии поясняет связь мозга с психологией. Она позволяет читателям представить, что происходит в разных зонах мозга и увидеть связь с разными типами поведения. В ней содержатся отличные иллюстрации, всеобъемлющий, удобный для чтения перечень функций всех частей мозга и потрясающие анекдоты. Эта простая книга о наиболее сложных темах, увлечет читателя от начала до конца.

**Гербер Р. (Gerber, R.), *Вибрационная Медицина для 21ого Века (Vibrational Medicine for the 21st Century)*, Inner Traditions, 2000.** Эта книга была названа лучшей по использованию интегрированных методов исцеления. Доктор Гербер кратко и лаконично объясняет непрофессионалам различные аспекты, в которых показывает, что люди нечто большее, чем просто биологические машины. Он раскрывает тесную взаимосвязь между нашим разумом и телом, показывая, что когда уровень баланса нашей эмоциональной энергии нарушен, происходят физиологические изменения и дефекты, ведущие к заболеваниям. Доктор Гербер приводит научные доказательства, основанные на клинических случаях, показывающие эффективность совместного использования современной медицины и альтернативных способов лечения.

# Техники, Помогающие Клиенту Осознать Внутренний Потенциал

**Фридберг Ф. (Friedberg, Fred),** *Сделай-сам: Техника Движения Глазами для Эмоционального Исцеления (Do-it-yourself Eye Movement Technique for Emotional Healing),* **New Harbinger Publications, 2001.** Эта отличная книга ясно объясняет, как использовать передовую технику ЕМТ для быстрой помощи при стрессовых состояниях, используя комбинацию постукиваний и движений глазами.

**Парнел Л. (Parnell, L.),** *Простукивание – Пошаговая инструкция для активации ваших целительных ресурсов с помощью билатеральной стимуляции (Tapping In – A step-by-step guide to activating your healing resources through bilateral stimulation),* **Sounds True, 2008.** В этой книге чётко разъясняется эффективная, простая в использовании, относящаяся к ДПДГ, техника ресурсного простукивания – как простукать позитивные ресурсы, а затем как получить к ним доступ.

# Контракты Души и Назначение Души

**Бэйкер Л. (Baker, L.),** *Контракты Души: Как Они Влияют на Нашу Жизнь и Наши Отношения (Soul Contracts: How They Affect Your Life and Your Relationships),* **Universe, 2003.** Отличная книга, которая помогает вам понять правду, которая объясняют причины, по которым вы решаете создать и испытать новую жизнь. Она наполнена сложными, но в то же время, легко узнаваемыми и принимаемыми личными историями. Эта книга тронет вашу душу.

**Дженкинс, Винниджер (Jenkins, P.W., Winninger, T.A.),** *Исследование Реинкарнации (Exploring Reincarnation),* **Celestial Voices, 2011.** Книга, созданная посредством ченнелинга вознесённых мастеров, которые объясняют, как, будучи душами, мы выбираем серии человеческих жизней, чтобы выучить уроки и приобрести знания.

**Дженкинс, Винниджер (Jenkins, P.W., Winninger, T.A.),** *Разговаривая с Лидерами Прошлого (Talking with Leaders of the Past),* **Celestial Voices, Inc., 2008.** Пятнадцать покойных мировых лидеров обсуждают контракты своей души с помощью медиума. Эта захватывающая и просвещающая книга изучает контракты, которые они заключили до рождения и пройдённые ими уроки.

**Лоутон Я. (Lawton, I.),** *Большая Книга Души (The Big Book of the Soul),* **RS Press, 2010.** Кроме многих других вещей эта книга содержит детальный анализ исследования пионеров регрессии между жизнями таких как: Джоэль Уиттон, Майкл Ньютон, Эдит Фиоре, Хелен Вамах, Питре Рамстер и Долорес Кэннон, переданных с помощью ченнелинга с предшественниками, жившими в середине девятнадцатого века. Эта книга также предоставляет толкование этих сведений в плане видения о нашей жизни.

**Лоутон Я. и Томлинсон Э.,** *Мудрость Души,* **RS Press, 2010.** Десять замечательных людей, во время регрессии в жизнь между жизнями, связались с своими Старейшинами и задали им ряд вопросов на разные темы, включая такие, как энергетические прикрепления и «вошедшие», предназначение реинкарнации, древние цивилизации как Атлантис, а также значение времени. Затем ответы сверяются.

**Мисс К. (Myss, C.),** *Священные Контракты (Sacred Contracts)*, **Bantam Books, 2002.** Каролайн Мисс разработала оригинальный способ расшифровки ваших собственных контрактов, помогая вам узнать, кто вы и кого должны встретить на Земле.

**Ньютон М. (Newton, M.),** *Путешествие Души (Journey of Souls)*, **Llewellyn, 1994.** Повествование, основанное на рассказах 29 людей о жизни между жизнями. Эта важная инновационная книга рассказывает о контрактах души и обозначает ориентиры в мире духов.

**Ньютон М. (Newton, M.),** *Предназначение Души (Destiny of Souls)*, **Llewellyn, 2000.** Шестьдесят семь новых случаев жизни между жизнями, дальнейшее изучение чудес мира духов; расширение нашего понимания невероятного ощущения покоя после смерти.

**Шварц Р. (Schwartz, R.),** *План Вашей Души (Your Soul's Plan)*, **Frog Books, 2007.** Превосходное подробное изучение причин нашей инкарнации, выбора наших родителей и наших жизненных уроков при помощи десяти захватывающих клинических случаев.

**Томлинсон Э. (Tomlinson, A.),** *Изучение Вечной Души (Exploring the Eternal Soul)*, **From the Heart Press, 2012.** Энди знакомит читателя с переживаниями за пределами смерти и даёт широкое и исчерпывающее объяснение терапии Жизни Между Жизнями. Он структурирует содержание таким образом, что легко усвоить и понять происходящее. Эта книга очень рекомендована для понимания наших жизненных выборов, а также читателям, которым любопытно, что ждёт нас после смерти.

# Исцеление Внутреннего Ребёнка

**Бэйс Б. (Bays, B.),** *Путешествие (The Journey)*, **Thorsons, 1999.** Личная история Брэндона о его удивительном само-исцелении после обнаружения опухоли в брюшной полости размером с бейсбольный мяч. Она содержит подробные сведения о работе с внутренним ребёнком.

**Брэдшоу Дж. (Bradshaw, J.),** *Возвращение Домой, Возрождение и Защита Вашего Внутреннего Ребёнка (Homecoming, Reclaiming and Championing Your Inner-Child)*, **Piatkus, 1991.** Джон Брэдшоу является важным новатором в области восстановления дисфункциональных семей. Его работа с внутренним ребёнком — сильный терапевтический инструмент. Эта первая из многих превосходных книг Брэдшоу, охватывающая все аспекты данной темы.

**Форд Д. (Ford, D.),** *Тёмная Сторона Охотников за Светом (The Dark Side of the Light Chasers)*, **Hodder and Stoughton, 1998.** Дебби Форд проводит вас через свой собственный внутренний опыт и показывает вам, как стать друзьями со всеми своими аспектами, тёмными и светлыми, так чтобы мы могли жить в гармонии с собой. Это идеальное сопровождение для людей, которые хотят больше понять про работу с внутренним ребёнком и субличностями.

**Форд Д. (Ford, D.),** *Почему Хорошие Люди Совершают Плохие Поступки (Why Good People do Bad Things)*, **Harper Collins, 2008.** Она проводит нас в сердце дуальности и блестяще раскрывает трагедию расщепления истинного Я. Эта книга также улучшит ваше понимание причин застывания внутреннего ребёнка во времени.

# Преодоление Духовного Кризиса

**Гроф, К. И С. (Grof, C. & S.),** *Неистовый Поиск Себя (The Stormy Search for the Self),* **Thorsons, 1991.** Фундаментальная и подробная книга о духовном пробуждении и кризисе, написанная основоположником и ведущим специалистом в данной области. Написанная в 90х, она по-прежнему актуальна и дает чёткое понимание и руководство по сумрачной зоне - между психозом с точки зрения психического здоровья и трансперсональным подходом.

**Люкас К. (Lucas, C.),** *В Случае Духовного Кризиса (In Case of Spiritual Emergency),* **Findhorn Press, 2011.** Катерина является основоположником Центра Духовного Кризиса Великобритании. Она находилась в духовном кризисе многие годы, эта книга появилась в период её восстановления и восстановления ей подобных. Книга хороша написана и содержит последние исследования и руководство, будет интересна специалистам и работникам в области психического здоровья, а также тем, кто сам переживает духовный кризис, их друзьям и семьям.

**Хассед К. и МакКинзи С. (Hassed, C. & McKenzie, S.),** *Майндфулнес для Жизни. Как Использовать Медитацию Майндфулнес для Улучшения Вашей Жизни (Mindfulness for Life. How to Use Mindfulness Meditation to Improve Your Life),* **Robinson, 2012.** Майндфулнес является ключевым элементом в преодолении духовного кризиса. Он также может быть очень полезным инструментом в повседневной жизни, и всё активнее применяется в медицинской практике. Это легко читаемое комплексное руководство, написанное двумя экспертами, с советами и практическими упражнениями, а также полезной информацией, представленной в конце каждой главы.

**Кортни Х. (Courteney, Н.),** *Божественное Вмешательство (Divine Intervention),* **Cico Books, 2005.** Хэйзел – известный писатель в области здоровья. В 1998 году она пережила клиническую смерть, которая переросла в острый и обширный духовный кризис. Это увлекательный рассказ из первых рук, содержащий мнения учёных и врачей, которые отслеживали, записывали и обследовали её на протяжении кризиса и пути восстановления. Увлекательная и поучительная книга для чтения.

# Гармоника – Холистическое Исцеление Звуков

**Броуди Р. (Brodie, R.),** *Целительные Звуки Хрустальный Чаш – Исцелите себя Звуком и Светом (The Healing Tones of Crystal Bowls – Heal Yourself with Sound and Colour),* **Aroma Art Ltd, Canada, 1996.**
Очень понятная и простая книга, которая помогает глубже понять, как звук и цвет способствуют исцелению, используя чаши в качестве посредника. В этой книги Рене Броуди, опираясь на древних и современных экспертов, соединяет науку и духовность, делая абстрактные понятия простыми и доступными для читателя. Эту книгу определённо стоит прочитать всем, кто интересуется работой с поющими чашами.

**Картер Р. (Carter, R.),** *Как Работает Мозг (Mapping the Mind)*, **Orion Books, 2003.**

Эта книга по нейропсихологии поясняет связь мозга с психологией. Она позволяет читателям представить, что происходит в разных зонах мозга и увидеть связь с разными типами поведения. В ней содержатся отличные иллюстрации, всеобъемлющий, удобный для чтения перечень функций всех частей мозга и потрясающие анекдоты. Эта простая книга о наиболее сложных темах, увлечет читателя от начала до конца

CPSIA information can be obtained
at www.ICGtesting.com
Printed in the USA
BVHW042122141218
535676BV00019B/254/P